한국 고전명시 100선 감상

가시리 가시리잇고

한국 고전명시 100선 감상
가시리 가시리잇고

초판 1쇄 발행 2017년 3월 9일
초판 2쇄 발행 2019년 1월 25일

지 은 이 안병렬
펴 낸 이 신일희
펴 낸 곳 계명대학교 출판부
출판등록 제347-1998-1호(1970. 9. 1)
주 소 대구광역시 달서구 달구벌대로 1095
대표전화 053-580-6233
팩 스 053-580-6235
홈페이지 www.kmupress.com

ISBN 978-89-7585-773-7 03810 정가 15,000원

이 도서의 국립중앙도서관 출판예정도서목록(CIP)은 서지정보유통지원시스템 홈페이지(http://seoji.nl.go.kr)와 국가자료공동목록시스템(http://www.nl.go.kr/kolisnet)에서 이용하실 수 있습니다.(CIP제어번호: CIP2017005390)

한국 고전명시 100선 감상

— 가시리 가시리잇고 —

안병렬 지음

계명대학교 출판부

머리말

저는 1999년부터 이곳 중국의 연변대학에 왔습니다. 이곳에서 조선족과 한족 학생들에게 한국문학을 강의합니다. 그러느라 이 강의안을 만들게 되었습니다.

한국에서 보시면 대학 강의용으로는 유치하다고 여기시겠지만 한국의 역사는 물론 한국문학에 대하여서도 기초 소양이 부족한 이곳 대학생들에게는 이 정도도 결코 쉬운 게 아니었습니다.

한 작품을 설명하다 보면 그에 따른 배경과 그 역사마저 이야기하여야 하고 나아가 나름으로 비평도 하여야 하기에 자연 이렇게 잡다한 글처럼 되었습니다. 또 조선족들에게는 백의민족이라는 정체성도 심어야 하기에 조심스러웠습니다만 은근히 민족성도 강조하였습니다. 그러나 절대로 국수주의적인 시각에서는 아니었습니다. 중국은 다민족 국가로 소수민족을 다 포용하는 넓은 가슴을 갖고 있습니다. 이를 감사하며 이 바탕에서 민족 문학을 논하여야 한다는 전제를 늘 갖고 썼습니다.

그리고 選詩(선시)에서부터 해석에, 나아가 평까지 모두 어디까지나 제 개인의 의견임을 강조하였습니다. 이와 전혀 다른 시를 뽑을 수도 있고 또 다른 해석도 혹은 평도 가능하리라 여깁니다. 이 점을 강조하며 학생들의 시를 보는 시야를 넓히고자 하였습니다.

이 강의안을 만들고 보니 예상외로 한시가 많았습니다. 이는 우리 고전 문학의 실상이라 이해하셔야 하겠습니다. 양적 비율을 따지면 한시는 이보다도 더 훨씬 많아야 할 것입니다. 그리고 수록한 시의 편수를 따지면 130

수 가까이 되나 그래도 그만 대충으로 100수라 하였습니다. 그래도 더 넣고 싶은 시들이 참 많으나 그만 냉정히 물리쳤습니다.

이 강의안을 다 만들고 나니 이를 일반인에게도 알리고 싶은 충동이 생겼습니다. 그리하여 일 주일에 한 수씩 메일에 띄워 지인들에게 보내었더니 더러 옛 추억을 떠올리며 반가워하시는 분들이 계셨습니다. 더구나 어떤 분들은 고등학교 다니는 손자 손녀들에게 읽히니 이들이 아주 좋아하며 고전문학 공부에 큰 도움이 된다고 고마워 하였습니다. 이에 힘을 얻어 출판까지 욕심내게 되었습니다. 마침 또 《한역 당시삼백수》 출판으로 알게 된 계명대학 출판부에서 흔쾌히 출판을 허락하여 주시니 참으로 감사할 따름입니다.

그런데 출판사에서 이 글을 장르별로 하면 어떨까? 하는 제안이 왔습니다. 그러면 장르별로 일목요연할 것 같아 그렇게 하려고 하니 이미 글 전체가 작가 중심으로 쓰여 있는데다 작가는 많은 분들이 시와 시조를 같이 쓴 경우가 많으므로 불가능하였습니다. 대신에 장르별로 보기 쉽게 차례를 하나 더 만들었습니다. 이젠 장르별로도 일목요연하게 볼 수가 있어 우리 고전문학을 장르별로 터득하고자 하는 분들에게 많은 도움이 되리라 여깁니다. 그런데 이 장르 나눔에 몇 작품은 그 장르가 애매하여 부득이 "기타"라 하여 묶었습니다. 식자의 가르침 바랍니다.

아무쪼록 이 글을 읽으시는 여러분들이 우리 고전시에 대한 소양이 넓어지고 나아가 마음 바탕에 시의 향기가 넘쳐지는 계기가 되길 바랍니다.

2016년 12월

중국 연변대학과학기술학원 연구실에서

차 례(시대별)

고려

조선

차 례(장르별)

시

고려전까지

고려시대

조선 시대

시조

고려시조

조선시대

가사

향가

고려속요

서사시

기타

신라까지

1

箜篌引|공후인

公無渡河(공무도하)
公竟渡河(공경도하)
墮河而死(타하이사)
當乃公何(당내공하)

번역

님이여 강을 건너지 마시오.
님은 기어이 강을 건너는구려.
강에 빠져 죽으니
님을 어찌 하리오?

감상

공후란 악기의 이름이고 인(引)이란 시의 한 장르(갈래)입니다. 그러니 공후로써 불렀다고 하여 그렇게 이름을 붙인 것 같습니다. 또 앞의 말을 따서 그냥 〈공무도하가〉라고도 합니다.

이 노래에는 다음과 같은 이야기가 적혀 있습니다.

"공후인은 朝鮮津卒(조선진졸) 곽리자고의 처 여옥이 지은 것이다. 자고가 새벽에 일어나 배를 손보고 씻고 있는데 한 흰머리 미치광이(白首狂夫)가 머리를 풀어 헤치고 병을 들고서 강을 거스려 건너려고 하였다. 그 처가 소리를 지르며 말리나 미치지 못하였다. 드디어 강에 빠져 죽으니 공후를 끌어다 이를 두드리며 '님이여 강을 건너지 마시오.' 라고 부르는데 소리가 심히 처량하였다. 노래를 마치더니 스스로 강에 몸을 던져 죽었다. 곽리자고가 돌아와서 그 소리를 그의 처 여옥에게 말하였다. 여옥이 이를 가슴아파하며 이에 공후를 끌어다 그 소리를 흉내내니 듣는 사람이 울지 않은 이가 없었다. 여옥이 그 노래를 그의 이웃 여자 여용에게 전하니 이름지어 '공후인'이라 하였다."

그런데 이 노래는 중국의 詩仙(시선)이라 불리는 李白(이백)이 이를 차운하고 또 그 내용을 빗대어 〈공무도하〉라는 시를 지었으므로 더욱 유명하여졌습니다. 이렇게 이 시가 유명하여지니 자연 시의 작자에 대한 말이 많아졌습니다. 중국에서는 중국 노래라고 합니다. 왜냐하면 《古今注(고금주)》라는 중국 책에 실려 있고 또 거기 나오는 人名(인명)들이 모두 중국 명이라는 것입니다. 그리고 중국에 朝鮮(조선)이라는 지명이 있었다는 것입니다. 그러나 한국에서는 엄연히 "朝鮮津卒(조선진졸)"이라고 하였는데 무슨 소리냐?라고 항변하지요. 그리고 우리 옛날 이름에도 을지문덕, 연개소문 같이 4자의 이름이 있고 또 여옥, 여용 같은 이름도 있다는 것입니다. 이 주장대로 우리 시라면 아마 우리 민족 最古(최고)의 노래라고 하겠습니다.

그럼 본문을 한번 감상하여 봅시다.

白首狂夫(백수광부)라고 하였습니다. 흰 머리카락을 휘날리는 미치광이입니다. 늙었다는 것도 벌써 한 인간으로서 큰 값어치가 떨어지는 일인데 거기에 미치광이입니다. 아무 쓸모가 없는 사람입니다. 어쩌면 빨리 죽어야 남에게는 물론 자기에게도 이롭습니다. 이 미치광이에게 이제 죽는 순간이 다가오고 있습니다. 강물이 깊은 줄도 모르고 그 강물을 건너려고 마구잡이로 뛰어드는 것입니다. 미친 것만으로도 강물의 위험을 잘 모를 것인데 거기에 또 술을 마신 듯 합니다. 어떻게 아는고 하니 그가 병을 들고 있었다는데 그건 분명 술병일 것입니다. 그렇다면 이 늙은이는 술을 마셔서 미치광이인지도 모릅니다. 그 술로 인하여 더욱 사리판단을 못할 것입니다. 이에 놀란 그의 아내가 뒤따라오며 고함을 칩니다. "여보, 그 강을 건너지 마시오." 그러나 미치광이는 그 말을 듣는지 못 듣는지 그대로 강물로 돌진하여 들어갑니다. 곧 그냥 그대로 사나운 물결에 휩쓸려 가버립니다. 그대로 죽은 것이지요. 이에 아내는 강가에 퍼질러 앉아 땅을 치며 통곡을 합니다. "여보, 그렇게도 건너지 말라고 하였는데 그만 빠져 죽으니 당신을 어찌하겠소."

보통의 아내 같으면 죽음은 좀 안타깝지만 그렇게 미치광이로 사람 구실도 못하고 살면 뭐하노? 그만 잘 죽었다고 체념을 할는지 모릅니다. 그러나 이 여인은 그렇지가 않았습니다. 아무리 미치광이라 할지라도 자기에게는 하나밖에 없는, 하늘같은 지아비입니다. 그러기에 그가 병든 것도 가슴 아픈데 죽음마저 그렇게 맞으니 더욱 슬프고 서러운 것입니다. 그래 슬프게 서럽게 우는 것이지요. 그러니 듣는 사람의 가슴마저 아프게 하는 것입니다. 참으로 따뜻한, 그리고 훈훈한 인간애가 스며있는 노래라고 하겠습니다.

앞에서 이 노래의 국적에 관한 말을 하였습니다만 저는 이런 정서는 우리 한국민족만이 가지는 정서라고 생각하여 우리 민족의 노래라고 주장하고 싶습니다. 참으로 아름다운 우리만이 가진 정서입니다. 이 정서가 이어져 도미의 아내 같은 여인이 나오고 춘향이가 나오는 것입니다. 아무리 병들고 허물어졌어도 내 남편은 영원히 내 남편, 이 지아비에 대한 지극한 사랑은 우리 민족이 가진 아름다운 정서가 아니겠습니까? 그리고 이 아름다움을 듣고 보고서는 함께 우는 이웃, 그게 바로 우리 민족의 본 모습입니다.

이 백수광부나 여기 나오는 인물들에 대하여 국문학자들 가운데 무당이라고 하는 견해가 상당히 설득력 있게 제기되고 있습니다. 물에 뛰어드는 일이나 공후를 갖고 노래를 불렀다는 사실이나 전수하였다는 이야기 등은 무당 세계에서 흔히 있는 일이라는 것입니다. 수긍이 가는 주장 같습니다. 무당이 아니라면 죽음 직후에 그렇게 노래를 부른다는 게 가능하지 않을 겁니다. 그러나 우리는 그저 하나의 노래로 감상하여도 좋을 것 같습니다.

공후인에 화답하다.

미치광이라 할지라도
그녀에겐 하늘같은 지아비
여보, 그 강을 건너지 마오.
지극한 사랑에도
어쩌지 못하는 죽음
저 강물에 님을 어쩌랴?
통곡하는 울음에 나도 따라 운다.

2

黃鳥歌황조가

瑠璃明王(?~18)

翩翩黃鳥(편편황조)
雌雄相依(자웅상의)
念我之獨(염아지독)
誰其與歸(수기여귀)

번역

펄펄 나는 꾀꼬리여,
암 수놈이 정답구나.
생각사록 외로운 이 몸이여,
그 누구와 더불어 돌아갈꼬?

감상

삼국사기에 적혀 있는 고구려 유리왕의 노래입니다.

그 완고한 유학자 김부식이 이런 노래를 채집하여 正史(정사)에 실었다는 게 참 신기합니다.

이 노래의 緣起(연기)는 다음과 같습니다.

"왕비 송씨가 죽으니 왕은 다시 두 여자를 맞이하였는데 하나는 禾姬(화희)로서 골천 사람이고 하나는 雉姬(치희)로서 한족 여인이다. 두 여자가 왕의 총애를 다투어 화합하지를 못하니 왕은 凉谷(양곡)에다 동서, 두 궁을 짓고 각각 따로 두었다. 후에 왕이 기산에 사냥을 나가 이레나 돌아오지 않았다. 그 사이 두 여자가 다투었다. 화희가 치희를 꾸짖어 말하기를 '너는 한족의 천한 계집으로 어찌 이렇게 무례한가?' 하니 치희가 한을 품고 도망가 버렸다. 왕이 돌아와 이를 듣고 곧 말을 타고 좇아갔으나 치희가 성을 내고 돌아오지 않았다. 왕이 나무 아래에서 쉬는데 꾀꼬리가 노니는 것을 보고 이에 느꺼워 노래를 불렀다." 그리고 이 노래를 적고 있습니다.

이 노래에 대하여 일찍이 학자들은 단순한 서정적인 노래로 여겼으나 요즘에 와서는 조선족과 漢族(한족)을 아우르려는 유리왕이 끝내 실패하여 한족을 놓치고 마는 敍事詩(서사시)라는 것입니다. 좀 비약적인 해석인 것 같으나 유리왕의 사나이다운 개척 정신을 생각하면 이런 해석도 상당히 근거가 있다고 하겠습니다.

다 아시다시피 고구려 유리왕은 바로 고구려 개국 시조 고주몽의 아들로 아버지 없는 집에 어머니를 모시고 살다 아버지를 찾아 천리 길을 나선 용감한 왕자이었습니다. 그런 그가 한 아녀자에게 끌리어 질질 우는 그런 연약한 사나이라는 건 좀 어울리지 않지요. 그래 위와 같이 민족 통합에 실패하는 하나의 서사시로 보는 견해가 타당하다 여겨집니다.

그런데 필자가 그 현장, 곧 고구려 졸본성이 있는 지금의 중국 길림성 환인에 갔더니 그곳에서 나오는 책자에 이 노래를 소개하고는 자기 나라 소수민족의 노래라 하였습디다. 고구려란 말은 전혀 없지요. 참 어처구니없는 주장 앞에 오히려 전율을 느꼈습니다.

황조가를 음미하며

아비를 찾아 천만리 찾아온 유리태자 왕이 되어
두 민족을 아우르려는 원대한 꿈
끝내 한족 놓친 아픔
대장부의 탄식이 이 가슴도 울립니다.
이제는
한족을 놓치는 게 아니고
그 한족이 이 노래마저 빼앗고 있습니다.
지하의 유리왕이 통곡을 하고 계십니다.

3

井邑詞정읍사

ᄃᆞᆯ하 노피곰 도ᄃᆞ샤
어긔야 머리곰 비취오시라.
어긔야 어강됴리
아으 다롱디리

全져재 녀러신고요
즌ᄃᆡ랄 드대욜세라
어긔야 어강됴리
어느이다 노코시라
어긔야 어강됴리

내 가는 대
졈그랄세라
어긔야 어강됴리
아으 다롱디리

감상

이 노래는 백제의 노래라 합니다. 백제의 노래는 모두 다섯 편이 있다고 알려져 있으나 현존하는 노래는 이 뿐입니다. 그래서 이 노래는 現傳(현전)하는 한글 노래 가운데 最古(최고)의 노래라고 하겠습니다. 이 노래 역시 다른 노래와 마찬가지로 口傳(구전)되어 오다 1493년 《樂學軌範(악학궤범)》에 실리게 되는 행운을 얻어 지금껏 남아 있습니다. 《악학궤범》은 당시까지 민간에 전하여 오던 노래를 채집하여 편찬한 책입니다.

이 노래는 고려 조선조를 통하여 俗樂(속악)의 하나로 오래 동안 궁중에서 연주되었으며 특히 조선조에서는 섣달 그믐날 궁중 나례 뒤에 연주되었다고 합니다.

그럼 노래를 봅시다.

이 노래에서 "어긔야 어강됴리 아으 다롱디리"는 감탄 여음구로서 노래하기 위한 것입니다. 이 여음구와 노래의 구성을 보면 모두 세 연으로 되어 있습니다.

노래의 내용을 보면 행상 나간 남편을 그리는 아내의 기원입니다. 고려사 악지에 "정읍은 전주의 속현으로서 이 고을 사람이 행상을 떠나 오래 돌아오지 않자 그 아내가 산 위 바위에 올라가 남편이 있을 먼 곳을 바라보며 남편이 밤길에 오다가 해를 입지 않을까 염려되어 이 노래를 불렀다고 한다. 남편을 기다리던 언덕에 망부석이 남아 있다고 한다." 라고 기록되어 있습니다. 왕자를 구하러 일본에 가 돌아오지 않은 남편을 기다리다 망부석이 되었다는 박재상 부인의 전설과 비슷한 이야기입니다. 우리 조상 지어미들은 이렇게 아름다운 마음을 가졌던 여인들이었습니다. 이 아름다운 마음을 읽어 보세요.

이 여인은 남편의 무사 귀가를 달님에게 기원하고 있습니다. 달님은 이 여인에게는 광명이요, 또 안녕의 수호자인 것입니다. 그리하여 대뜸 "달하" 하고 부른 것입니다. 呼格(호격)에 "하"를 쓰는 경우는 극존칭의 표시입니다. 〈용비어천가〉에 "님금하" 하는 것이 이런 예이지요. 이렇게 달님을 부르고는 멀리 멀리 비춰어 달라는 것입니다. "머리곰"에서 "곰"은 강세 접미사입니다. 비추데 "아주 멀리 멀리" 비추어 달라는 말이지요. 왜냐하면 남편이 아직도 행상을 하며 그 어두운 온 저자를 두루 다닐 것이기 때문입니다.

그리고는 다음 연으로 가서 바로 본인의 근심을 토합니다. "즌대를 드디욜세라." 라고 하는 것입니다. "즌대"가 어디냐 하는 문제가 있습니다. "즌대"란 대체로 "진 데"인데 비가 온 뒤 물이 고여 다니기 어려운 조금 질퍽한 곳을 말합니다. 그러나 이곳에서의 "즌대"는 그런 의미의 땅이 진 데를 말하는 것은 아닐 것이고 아마 상징적으로 진 곳, 즉 범죄가 많은 위험한 곳, 혹은 사창가 같은 곳이 아닐까 여겨집니다. 끝의 "세라" 는 지금도 두려움을 나타내는 어미로 더러 쓰이는 말입니다. "죽을세라." "날아갈세라." 등 쓰이지요. 그러면 위험한 곳 혹은 사창가에 빠질까 두렵다는 아내의 솔직한 염원을 달님에게 하는 것입니다. 그렇지 않고 말 그대로 그까짓 진 데를 밟을까 그렇게 두려워 빌 것까지는 없을 것입니다.

다음 이어지는 연에서는 남편에게 그 무거운 짐 어디에다 놓으시라고 부탁합니다. 그 무거운 짐은 한 평생 가족을 위해 짊어졌던 짐이요, 지금도 짊어지고 있는 짐입니다. 그 짐을 잠시나마 놓으시고 쉬시라는 겁니다. 아내의 지극한, 그리고 섬세한 부탁이지요.

끝 연은 한 구로 되어 있는데 내가 마중하러 가는데 너무 저물까 두렵다는 독백입니다. 이 아내는 아마 이렇게 달님에게 기원만 드리고 가만 앉아 기다릴 수가 없었던가봅니다. 그래 마중 가기로 결단을 하는 겁니다. 그러나 너무 저물까 두려워 독백을 합니다.

아, 이 아름다운 정읍의 여인이 그립습니다. 그 여인이 마치 우리 어머니인 양 다가옵니다. 그러나 현실은 안타깝게도 정읍의 여인이 자꾸 사라지고 있습니다. 남편이 행상 나가는 게 아니라 여인 자신이 나섭니다. 이젠 도리어 남편이 여인을 애타게 찾아야 할 세상이 되었습니다. 그러나 이는 정상은 아니지요. 그러기에 우리는 이 노래를 기리지요. 이 노래에서 따뜻한, 그리고 다소곳한, 참으로 아름다운 우리 어머니를 만나는 것입니다. 이런 여인이 20세기 초엽 소월의 진달래에서 잠깐 보이더니 어디로 가시고 사라졌습니다. 참 아쉽습니다. 그래 더욱 정읍의 이 여인이 그리운 겁니다. 고향의 엄마처럼 그립지요.

정읍의 여인을 그린다.

정읍의 여인이여
아름다운 당신은 우리의 엄마이십니다.
지아비 그리며 애타게 부르는 소리
바로 우리 엄마의 절규였습니다.
엄마가 그립습니다.
정읍의 아버님은 아직도 많은데
정읍의 엄마, 당신은 어디에 계십니까?
엄마가 없어진 세상
아버님도 우리도 다 흐느낍니다.
엄마, 엄마, 우리 엄마, 우리 집으로 돌아오세요.
어서 어서 우리 집으로 돌아오세요.

4

乙支文德을지문덕 장군의 시

神策究天文(신책구천문)
妙算窮地理(묘산궁지리)
戰勝功旣高(전승공기고)
知足願云止(지족원운지)

번역

귀신같은 책략은 하늘의 이치를 연구하였고
묘한 계산은 땅의 이치를 다 깨쳤도다.
전쟁에 이겨 공이 이미 높았거늘
바라건대 족한 줄 알고 그칠지니라.

감상

이 시는 중국 수나라의 역사서와 고려 시대의 大 詩人(대 시인) 이규보의 《白雲小說(백운소설)》에 실려 있습니다. 이 시는 제대로 시의 격식을 갖춘 우리나라 最古(최고)의 한시라고 하겠습니다. 수나라의 역사서에 이 시에 대하여 다음과 같은 설명이 기록되어 있습니다.

"우중문(수나라 장수)이 압록강에 이르니 고려장수 을지문덕이 거짓 항복을 하고 그 營(영)으로 왔다. 중문이 먼저 황제의 밀지를 받았는데 '만약 고원(고려 영양왕의 이름)이나 문덕을 만나면 반드시 사로잡으라.'는 것이었다. 이에 문덕이 오므로 중문은 그를 잡으려 하였다. 때에 尙書(상서) 유사룡이 위무사가 되어 왔는데 이를 극력 말리므로 이에 놓아주었으나 곧 후회하고 사람을 보내어 문덕에게 속여 말하기를 '의논할 일이 있으니 다시 오라.' 하였다. 문덕이 듣지 않고 강을 건너 가버렸다. 중문이 기병을 선발하여 그를 따라 강을 건너 크게 적을 격파하였다. 문덕이 중문에게 시를 지어 보내었다."

이때 지어 보내었다는 시가 바로 이 시입니다.

이 시를 가만 읽어보면 참으로 기 막히는 지혜가 담겨 있다고 하겠습니다. 얼른 보면 상대를 아주 추켜세우는 듯한데 자세히 보면 조롱입니다. 그리하여 상대로 하여금 격노를 유발시켜 함정에 빠지도록 유인하는 것이지요. 결국 수나라의 미련한 장수 우중문은 이 유인책에 말려들어 무모하게 덤비다가 그 대군을 거의 다 잃는 참패를 당하게 됩니다. 실로 장군의 고도의 전술이라 하겠습니다. 《삼국사기》에는 그 정경을 다음과 같이 기록하고 있습니다.

"처음 요동에 도착한 군사가 모두 30만5천 명이었는데 돌아갈 때 요동성에 다다른 군사는 겨우 2천7백 명뿐이었다. 또 여러 장비와 기계 등 만여 점도 다 탕진되었다."

천하제일의 수나라로서는 실로 상상도 할 수 없는 크나큰 망신이었을 뿐만 아니라 결국 나라가 망하는 원인이 되기도 하였습니다. 이때가 고구려 영양왕 23년, 서기로 612년입니다. 아마 우리 5.000년 역사상 가장 강력한 제국을 형성하였던 시기가, 바로 이때 을지문덕과 연개소문으로 이어지는 이 시기가 아니던가 여겨집니다. 그 후에는 중국의 동북 변방 만주족과는 싸운 적이 많지만 전 중국을 통일한 지배자와 겨루어 본 적은 한 번도 없었습니다. 참으로 위대한 고구려입니다. 그 위대한 고구려의 역사가 지금 중국의 동북공정에 의해 왜곡되고 있습니다. 자칫 민족의 웅혼한 기상이 훼손될까 걱정입니다.

그리고 또 이 시는 장군의 시에 대한 수준 높은 안목을 보여주기도 합니다. 앞의 이규보는 이 시를 평하여 "句法(구법)이 奇古(기고)하며 화려하게 아로새기거나 꾸민 버릇이 없으니 어찌 후세의 꾸미는 자들이 미칠 수 있겠는가?" 하며 극찬을 하고 있습니다. 실로 을지문덕 장군은 문무를 겸비한 智將(지장)이라 할 것입니다.

을지문덕 장군을 흠모하며

님이여,
님이 계시기에
조국이 자랑스럽습니다.

천하 제일의 수나라와도
당당히 맞서 싸웠습니다.
싸워서 이기었습니다

싸움만 잘 하셨나요?
장군이 시를 썼습니다.
웅혼한 기상이 배었습니다.

지혜에 감성을 갖춘 장군
오늘 이 뼈아픈 분단의 조국
님이 그립습니다.

고구려 사나이들
말 달리던 초원
이미 벌써 잃었습니다

반도마저 잘리어 앓는데
이제는 역사마저 빼앗기는 현실
님이여, 을지로 광장에서 보고만 계십니까?

5

향가 1

薯童謠서동요

향가란 쉽게 말하여 향찰로써 지은 노래입니다.

향찰이란 한자의 뜻에다가 음을 따다 곁들여서 어미나 조사를 표시함으로 알기 쉽게 한 表記法(표기법)입니다. 예를 들면 종결 어미 "라"는 "羅(라)"로 주격 조사 "은" "는" "隱(은)"으로 하는 식입니다. "我隱爾乙愛多(아은이을애다)"라고 쓰고는 "나는 너를 사랑한다."고 하는 것입니다. 신라 이후 발전하여 고려대에까지 이어져 왔습니다.

향가는 《삼국유사》에 14수, 그리고 고려의 《均如傳(균여전)》에 11수, 도합 25수가 전하는데 균여전의 경우 모두 찬불가로 문학적 가치는 높지 않고 《三國遺事(삼국유사)》의 작품은 그 수준이 높고 아름답습니다. 그 가운데 〈서동요〉와 〈처용가〉, 〈제망매가〉, 〈찬기파랑가〉 네 편만 감상해 보겠습니다.

먼저 〈서동요〉를 보겠습니다.

이 노래에 대하여 《삼국유사》에서 다음과 같이 그 배경을 설명하고 있습니다.

"제30대 武王(무왕)의 이름은 璋(장)이다. 어머니는 과부로 서울 못가에다 집을 짓고 살았는데 못의 용과 정을 통하여 아들을 낳았다. 어려서부터 器量(기량)을 헤아리기 어려웠다. 마를 캐어 팔아 살아가는데 이 때문에 나라 사람들이 薯童(서동)이라 불렀다. 신라 진평왕의 제3공주 선화가 아름답기 이를 데 없음을 듣고 머리를 깎고 서울로 왔다. 마로써 동네의 아이들에게 먹이니 아이들이 그를 따랐다. 이에 노래를 지어 아이들을 꾀어 부르게 하니

그 노래에 이르기를

——

善化公主主隱(선화공주주은)

他密只嫁良置古(타밀지가량치고)

薯童房乙夜矣卯乙抱遣去如(서동방을야의묘을포견거여)

——

번역

선화공주님은
남 몰래 얼어두고
서동방을 밤이면 안고 간다.

고 하였다. 노래가 온 서울에 가득하니 궁궐에도 들리었다. 여러 신하들이 공주를 멀리 보내야 한다고 極諫(극간)하였다. 떠나려는데 왕후가 순금 한 말을 주었다. 공주가 유배지로 가는데 서동이 나와 맞이하며 모시고 갔다. 공주는 그가 누구인지는 모르나 이상하게 믿어지고 기뻤다. 이리하여 따라갔는데 유배지에 이르러 몰래 통하였다. 그리고는 그가 서동이라는 걸 알고 동요의 징험을 믿었다. 같이 백제로 갔다."

감상

이 기록이 사실이냐 아니냐를 따지는 건 필요 없습니다. 노래는 노래만으로 족하지요. 아이들의 노래이지만 많은 사람에게 회자되면 이런 엄청난 결과를 가져온다는 사실을 말하는 것입니다. 그리고 서동이라는 천한 사람이 끝내 공주를 아내로 삼는다는, 당시의 신분 사회에서는 도저히 이룰 수 없는 염원이 이루어졌다는 데서 오는 희열을 민중들은 즐기는 것입니다. 거기에다 이 서동이 백제의 무왕이 되었다는 것까지 곁들여 한껏 그 희열을 극대화시키는 것입니다.

이 노래는 처음 설화가 있었고 그 설화는 민요로서 불리어지다가 나중 향찰로 기록이 되지 않았을까 짐작됩니다. 비록 서동이 직접 지었다고 하더라도 무식한 그가 향찰로 기록하였다는 건 믿기 어려운 것이지요. 그렇다면 구전되다가 향찰로 정착되었다고 보아야 할 것입니다.

다음 우리는 향찰의 일면을 여기서 봅니다. 제일 앞의 "선화공주주은"에서 '主隱(주은)'은 바로 '님은' 이요, 다음 '置古(치고)'는 '두고' 이며 '乙(을)'은 그대로 '을'이고 '去如(거여)'는 '가다'가 되는 것입니다. 향찰은 이렇게 그 뜻과 음을 혼용해서 알기 쉽게 섰던 것입니다.

선화공주를 노래한다.

공주라고 별난가?
사나이 하나 잘 만나면 그만이지.

서동 같은 사나이
선화에겐 굴러온 복이었지.

오늘의 서울 거리 선화들은 많은데
서동은 사라지고 쥐새끼만 바글거려

홀로 살기 외치는 처량한 선화
어미는 끝내 서동을 낳지 못했다.

6

향가 2
處容歌처용가

《삼국유사》에 처용가에 대한 이야기를 다음과 같이 기록하고 있습니다.

"제49대 헌강왕 때에 서울로부터 해내에 이르기까지 가옥이 즐비하고 담이 이어졌는데 초가는 하나도 없었다. 노래가 길에서 끊이지 않았으며 바람은 네 계절에 순조로웠다. 이에 왕이 개운포에 놀러갔다가 돌아오려고 시냇가에서 점심을 먹는데 갑자기 구름과 안개가 가리고 어두워 길을 잃었다. 괴이히 여겨 좌우에 물으니 日官(일관)이 아뢰기를 '이는 동해의 용왕이 변덕을 부리는 것입니다. 마땅히 좋은 일을 행하시어 이를 푸셔야 합니다.' 하였다. 이에 유사에게 명하여 '용을 위하여 이 근처에 佛寺(불사)를 지어라.' 하였다. 명령이 떨어지니 곧 구름이 걷히고 안개가 흩어졌다. 그리하여 開雲浦(개운포)라 이름 하였다. 동해 용이 기뻐하여 아들 일곱을 데리고 어가 앞에 나타나 덕을 찬양하고 춤을 추며 주악을 올리었다.

그 아들 하나가 어가를 따라 서울로 와서 王政(왕정)을 보좌하니 그 이름을 處容(처용)이라 하였다. 왕은 미녀로 그의 아내를 삼게 하여 그를 머물도록 하였다. 또 級干(급간)이란 직책을 주었다. 그 처가 심히 아름다웠으므로 역신이 그녀를 흠모하였다. 역신이 사람으로 변형하여 밤에 그 집에 들어가 몰래 그녀와 동침하였다. 처용은 밖에 있다가 집에 들어와 보니 두 사람이 자고 있는지라 이에 노래를 부르며 춤을 추고 물러갔다. 노래에 이르기를

서울 밝은 달에 밤늦게 노닐다가
들어와 자리를 보니 가랑이 넷이더라.
둘은 내해이었고 둘은 누구의 것인고?
본시 내해이었다마는 빼앗긴 걸 어찌하리꼬?

하였다. 이때에 역신이 모습을 나타내어 그의 무릎 앞에 꿇어 엎드려 말하기를 '내가 그대의 처를 사모하여 지금 범하였는데도 그대는 노를 나타내지 않으시니 느꺼워 이를 찬미합니다. 맹서하는데 지금 이후로 그대를 그린 형용만 보아도 그 집에는 들어가지 않겠습니다.' 하였다. 이 때문에 나라 사람들이 처용의 형용을 그 문에다 붙여 邪神(사신)을 물리치고 경사한 일을 맞게 하였다."

감상

설명이 좀 길게 되어 있는데 《삼국유사》의 저자 일연 스님이 신라를 칭송하고자 하는 흔적이 엿보입니다. 신라의 수도 서울에 초가가 하나도 없고 길에는 노래가 끊이지 않았으며 하늘에서는 풍우를 조화롭게 하여 주고 왕 또한 불사를 창건하는 등 선정을 베풀었다는 것입니다. 이에 용왕마저 그 덕을 기리며 그 아들 하나는 직접 따라와 왕정을 보필하였다는 것입니다.

몽고에 대항하며 어렵게 살아야 했던 그 시기의 일연 스님으로서는 그의 이상향으로서 신라를 그렸는지도 모릅니다. 그리고 또 그의 이상적 인물로서 처용의 너그러움을 등장시켰을 것입니다. 그러나 역으로 보면 통일 신라 시기 귀족의 문란한 일면을 보여주기도 하는 것입니다.

그리고 처용을 아라비아인이었다고 하여 이 기록을 사실화하려는 학자들도 있습니다. 처용이란 이름이 바로 그렇다는 것이요 또 민간에 떠다니는 처용의 형용이 아라비아인이라는 것입니다. 하긴 내 어릴 적 대문 한 쪽에다 붙이던 그 그림이 확실히 우리나라 사람이 아니요 서양 사람임은 틀림없었습니다.

그러나 이 설화는 향가로서의 가치보다 오히려 연극으로서의 처용극, 처용무에 더 관심을 가집니다. 그리하여 이 노래는 굿으로서 이용되었고 발전하여 연극이 되다가 나중에는 춤만 남아 탈춤으로 전승되었다는 것입니다.

처용을 노래하여 봅니다.

처용아

처용아, 처용아.
네 각시 빼앗기고 춤을 추었나?

네가 미쳤지.
제 정신이 아니었지.

오늘 여기도
너 같은 놈 또 하나 있어

몸 반쪽 빼앗기고도
새 역사 이룬다 만세를 부르더라.

7

향가 3
祭亡妹歌제망매가

삶과 죽음의 길이 예 있으매 머뭇거리고
나는 가노란 말도 못다 이르고 갔는가?
어느 가을 이른 아침에 여기 저기 떨어지는 잎처럼
한 가지에 나고선 가는 곳 모르겠구나.
아 미타찰에서 만날 나, 도 닦으며 기다리노라.

감상

月明(월명) 스님(?)의 작품입니다. 월명사는 충담사와 더불어 향가의 뛰어난 작가입니다. 월명사는 이 노래와 〈도솔가〉라는 노래를 지었습니다. 〈제망매가〉는 제목에서 밝힌 그대로 죽은 누이를 위해 재를 올릴 때 부른 노래입니다. 이 노래를 부르자 갑자기 광풍이 일어나 제단에 놓인 지전이 서쪽으로 날려갔다고 합니다. 서쪽이란 서방정토를 상징할 것입니다. 그럼 이 노래가 주술적인 능력을 가졌다는 해석이 되는데 사실 이 노래는 그런 힘을 가질 만큼 아름다움을 갖추고 있다고 하겠습니다. 제가 보기로는 향가 가운데 가장 빼어난 작품이 아닌가 여겨집니다. 제가 젊은 시절 고등학생을 가르치며 이 노래를 해석하는데 학생들이 감탄을 하며 더러 우는 것을 보았습니다. 감수성이 예민한 참 순진한 아이들이었지요.

처음 두 줄에서는 삶과 죽음의 냉혹함을 말하였습니다. 머뭇거리다가도 끝내 가야만 하는 그 길이었습니다. 머뭇거림은 죽음 앞에서 인간의 어쩔 수 없는 한계이고 끝내 갈 수밖에 없음은 인간의 운명이라 하겠습니다. 다음 두 줄에서는 이렇게 가버리는 누이를 생각하며 허무를 느낍니다. 한 가지에 나고서, 그리고 한 가지에서 살면서도 어느 가을 이른 아침에 일단 한 번 떨어지기만 하면 그 나무의 잎처럼 여기 저기 흩어져 가는 곳도 모른다고 하였습니다. 참으로 허망한 인생의 운명이지요. 그러나 작자는 이에서 끝나지 않습니다. 그의 신앙이 그를 구원하는 놀라운 깨달음을 주는 것입니다. 그 착한 누이, 신심이 깊었던 누이는 필경 저 미타찰, 극락 정토에 갔을 것이라. 그렇다면 나도 도를 열심히 닦아 거기서 만날 것을 기약한다는 것입니다. 누이를 잃은 슬픔이 다시 만날 날을 기약하는 것으로 승화됩니다. 참으로 신을 감동케 할 아름다운 노래라고 하겠습니다. 저는 이 노래를 읽으며 죽은 제 동생을 그립니다.

祭亡妹歌(제망매가)를 읽으며

나는 祭亡弟歌(제망제가)를 읊는다.
꽃다운 열여덟 너 가단 말가?

이 형의 가슴에 대못 하나 박아놓고
동생아, 너 훌훌히 가더란 말인가?

가난이 원수라 약 한 첩 못 먹고
너만 죽었더냐? 우리 모두 죽었다.

천당이 있을지니 거기서 만나야지
끌어안고 우리 가족 둘러 앉아 오손도손

8

향가 4

讚耆婆郞歌찬기파랑가

열치매
나타난 달이
흰 구름 따라 가는 것 아니냐?
새파란 냇물에
기랑의 모습이 있구나.
이로부터 냇가 조약에
님의 지나시던
마음의 끝을 따르련다.
아아, 잣가지 높아
서리를 모를 화판이여.

감상

충담사(?)의 작품입니다. 보시는 것처럼 10구체의 향가입니다. 아마 향가 가운데 위의 〈제망매가〉와 더불어 가장 백미(白眉)라 일컬어지지요. 오늘의 시각에서 보면 상징성이 높아 더 문학적으로 성숙된 작품이라고 할 것입니다.

제목 그대로 기파랑을 찬양하는 노래입니다. 그런데 기파랑을 직접 찬양하는 말은 한 마디도 없습니다. 그러면서도 달을 빌어 그 숭고함을, 냇물을 빌어 그 깨끗함을, 그리고 조약돌에서 그 원만함을, 끝으로 잣가지를 들어 그 의지를 은연중 나타내고 있습니다. 고도의 상징성을 원용하며 주인공을 찬양하고 있습니다. 참 대단한 수법이지요. 그래서 이미 당시에 널리 알려져 삼국유사에 보면 임금님도 이 노래를 이미 알았다고 하였습니다.

그런데 이 향가에 대해서는 그 해석에서 좀 다른 의견이 있습니다. 위의 해석은 양주동 박사의 해석인데 이에 대해서 이의를 달고 달리 해석하는 학자가 있습니다만 전체의 뜻에는 큰 차가 없으니 그만 생략하겠습니다.

기파랑을 흠모하며

화랑 기파랑
숭고하고 깨끗하고 원만하고 굳세고
거기에다 복도 많으십니다.
충담사 높은 스님 당신을 찬양하셨습니다.

9

返俗謠반속요

化雲心兮思淑貞(화운심혜사숙정)
洞寂滅兮不見人(동적멸혜불견인)
瑤草芳兮思芬蒀(요초방혜사분온)
將奈何兮靑春(장내하혜청춘)

번역

구름 같은 마음을 바꿈이여, 정숙함을 그리도다.
골짜기 적막함이여, 사람을 볼 수 없도다.
요초의 아름다움이여, 향기로움을 그리도다.
장차 어찌하려나? 청춘이로다.

감상

글자 그대로 속세로 돌아오는 노래입니다. 《全唐詩(전당시)》에 실려 있습니다. 설요(薛瑤)의 작이라고 하는데 설요는 설승충의 딸이라고 합니다. 설승충은 신라 사람으로 당나라에 가서 좌무위 장군이 되었다고 합니다. 설요는 15세에 출가하였다가 6년만에 이 시를 짓고 還俗(환속)하여 곽원진이라는 이에게 시집가서 첩이 되었다고 합니다. 신라의 여인인데 그녀의 시가 《전당시》에 오를 만큼 되었다면 이 시의 값어치를 짐작할 수 있겠습니다. 그런데 이렇게까지 아리따운 처녀가 첩으로 시집갔다는 것은 당시 당나라로 이민 가서 살던 신라인의 한계가 아니었을까 생각됩니다. 그리고 그 후의 삶도 결코 행복한 건 아니었다고 하니 참 안타까운 일이지요.

시를 다시 한 번 음미하여 봅시다.

꽃다운 처녀가 깊은 산골짜기, 절에 가서 도를 닦고 있습니다. 그러나 이팔청춘의 소녀로서 그리 쉽지를 않습니다. 그래서 자꾸 마음이 변합니다.

그리하여 이 마음, 구름같이 자주 변하는 이 마음을 바꾸어 정숙하기를 그립니다. 그러나 그게 어디 그리 쉬이 됩니까? 그리하여 "내 사는 골짜기가 너무도 적막하여 사람을 볼 수가 없구나." 하고 솔직히 한탄을 합니다. 그러면서도 다시 마음을 다잡아 요초같이 아름다운 나로서 이제 향기를 발하여야 하겠다고 다짐하여 봅니다. 그러나 그것도 잠시 뿐 곧 이 청춘을 어쩔거냐? 하며 한탄을 하고 있습니다. 참으로 그 가녀린 마음, 그 솔직한 독백, 우리의 심금을 울립니다. 요즘도 이렇게 아름다운, 그리고 그 마음을 이렇게 솔직하게 표현하는 처녀가 있는지요? 이렇게 되기엔 너무도 일찍 찌들어버리지나 않는지요? 또는 너무나 일찍 똑똑하여지는 건 아닌지요? 참 안타까운 세월입니다. 어린이는 어린이답게 뛰놀고 처녀는 처녀로서 살아갈 수 있는 사회가 되었으면 합니다. 어린이의 순진도 처녀의 순결도 낭만도 다 빼앗아 가버리는 무서운 세상입니다.

설요 아가씨

꽃다운 이팔청춘
풀잎에 이는 바람에도 가슴 설레던 아가씨
산에서 사노라니 산 아래가 그리워
도 닦아 무얼 하나?
아름다운 세상은 저기 있는데
요초는 어디 가도 요초겠지
부대끼며 살아가도 향기는 피우리라.

다부진 결심으로 내려온 속세
내 향기는 악취에 말려들어 변하고
가녀린 고운 마음 무디어져 시들고
어느덧 청춘은 홀연히 사라지고
다시 돌아가고픈 그 옛날의 도량
머언 산 쳐다보며 추억에 눈물 흘릴 제
그제사 인생 고해, 깊은 도리 깨닫네.

10

元曉大師원효대사(617~686)의 偈頌게송

諸佛甚深廣大義(제불심심광대의)
我今隧分總持說(아금수분총지설)
廻比功德如法性(회비공덕여법성)
普利一切衆生界(보리일체중생계)

번역

모든 부처님의 깊고도 깊고 넓고도 큰 뜻
나 이제 분수 따라 모두 다 해설하고
그 공덕을 되돌리어 진리의 본성 그대로 하여
일체 중생에게 부처의 길 깨닫게 하리.

감상

반만년, 우리 민족이 낳은 사상가 가운데에서 가장 우뚝한 분을 꼽으라면 아무래도 통일 신라 시기의 원효대사를 받들어야 하지 않을까 합니다. 천년 가까이 뒤에 유학의 퇴계가 나오긴 하였으나 그 심오한 독창적인 사상 면에서 원효에 비견하기는 어려울 것 같습니다. 원효는 내 것을 낳았지만 퇴계는 있던 것을 풀이하여 내 것으로 만든 게 아닌가 생각하여 봅니다. 더구나 그는 당나라의 유학마저 포기하고 스스로 자기 사상을 확립하였으니 더욱 놀랍다 할 것입니다. 그러나 이는 어디까지나 내 개인의 단견이라 달리 해석하여 보는 분도 많으리라 여겨져 조심스럽습니다. 어쨌든 그 위대한 사상가 대사님이 시를 남겼다면 그 시 또한 범상치는 않으리라 생각됩니다. 불가에서는 불교적인 시를 게송이라 합니다. 그냥 시가 아닌 것이지요. 거기 오묘한 불교의 진리가 숨어 있기에 그렇게 달리 부르는 것이리라 생각 됩니다.

위의 시는 대사의 위대한 논문 〈대승기신론소〉 말미에 나오는 게송입니다.

그 위대한 사상을 펼치고 그 말미에 결론처럼 붙인 것입니다. 그러므로 그 논문과 연관을 지어 보아야 할 것입니다. 처음에는 자기의 논문이 무엇을 하였는가 하였습니다. 모든 부처의 뜻을 다 자기 나름으로 해석하였다는 것입니다. 위대한 사상가들은 대개가 다 자기가 새로 무엇을 창작한다고 하지 않았습니다. 공자님도 述而不作(술이부작)한다고 하셨습니다. 해설은 하되 내 나름으로 짓지는 않았다는 것이지요. 대사님도 부처의 뜻을 다 해석하였다고만 하였습니다. 그러나 그 해석의 범위가 모든 부처인 것입니다. 모든 부처의 뜻을 다 해석하였다면 그것이 기계적인 작업이 아닌 이상 거기엔 반드시 자기 것이 새로 생기게 마련인 것이지요. 그러기에 위대한 것입니다. 그리고는 이 작업의 의의를 말하였습니다. 그 부처의 공덕을 되돌리어 법성, 곧 진리의 본성과 같이 만들어 모든 중생에게 부처의 길을 깨닫게 하였다는 것입니다.

그런데 끝구에서 "普利(보리)"란 말이 좀 이상합니다. 불교에서 正覺(정각)의 경지를 일컫는 보리는 보통 "菩提(보리)"로 쓰는데 여기서는 "普利(보리)"로 하였으니 이를 "菩提(보리)"와는 관계없이 단순히 "두루 이롭게 한다." 글자 그대로만 볼 것이냐 아니면 "菩提(보리)"란 말도 범어의 "Bodhi"를 그냥 음만 딴 것이니 여기 "普利(보리)"도 "Bodhi"로서 볼 것이냐 하는 문제가 제기됩니다. 저는 대사님이 "菩提(보리)"로 쓰지 않고 "普利(보리)"로 쓴 것이 다른 의도를 가지고 쓴 것이 아닌가 여겨집니다. 제가 원문을 보지 않아서 확인은 못하였습니다만 원문에도 이렇게 되어 있다면 반드시 대사님 나름의 의도를 가졌으리라 생각 됩니다. 이는 어디까지나 제 좁은 소견입니다만 그냥 보통 쓰는 "菩提(보리)"로 하지 않고 "普利(보리)"로 한 것은 "菩提(보리)"의 본뜻에다 두루 이롭게 한다는 뜻을 가미하고자 한 게 아닌가 여겨집니다. 이중의 효과를 노리고 썼다고 생각됩니다. 고도의 지혜를 가지신 분이라 그렇게 보아야 할 것 같습니다. 그래야 앞의 해석처럼 번역도 자연스러워진다고 할 것입니다. 만약 그렇지 않다면 앞의 해석도 문제가 많습니다.

11

원효대사에 인연한 게송

원효대사에 얽힌 게송이 또 하나 《삼국유사》에 전합니다. 그대로 옮깁니다.

서울 萬善 北里(만선 북리)에 과부가 살았다. 남편이 없이 임신을 하여 아이를 낳았는데 나이 열두 살이 되어도 말도 못하고 일어서지도 못하였다. 때문에 "蛇童(사동)"이라 불렀다. 하루는 그 어머니가 죽었다. 때에 원효가 高仙寺(고선사)에 머물고 있었는데 효가 그를 보고 예를 올려 맞으나 福(복)은 답례를 하지 않고 말하기를 "그대와 내가 옛날 經(경)을 실리던 암소가 오늘 죽었다. 같이 가서 장례함이 어떠냐?" 하였다. 효가 "좋다."고 하고 같이 집에 갔다. 효로 하여금 布薩受戒(보살수계)를 하게 하니 시체에 나아가 祝(축)하여 이르대 "나지 말지어다. 그 죽음 또한 괴롭도다. 죽지 말지어다. 그 삶 또한 괴롭도다."하였다. 福(복)이 말하기를 "詞(사)가 번거롭다." 하니 다시 고쳐 말하기를 "죽고 삶이 괴롭도다." 하였다. 둘이 活里山(활리산)동쪽 기슭에 시체를 메고 갔다. 효가 말하기를 "智惠虎(지혜호)를 智惠林中(지혜임중)에 장사함이 또한 맞지 않은가?" 하고 福(복)이 이에 偈(게)하여 이르기를

往昔釋迦牟尼佛(왕석석가모니불)
娑羅樹間入涅槃(사라수간입열반)
于今亦有如彼者(우금역유여피자)
欲入蓮花藏界寬(욕입연화장계관)

번역

그 옛날 석가모니 부처님께서
사라수 사이에서 열반하셨는데
오늘도 그와 같은 사람 있어
연화장 그 세계로 들어가려 한다.

하였다. 말을 마치고 잔디를 뽑으니 아래에 세계가 있는데 晃郎 淸虛(욱랑 청허)하고 일곱 보석 난간에 누각이 장엄하여 인간 세상이 아니더라. 복은 그 시체를 메고 같이 그 곳으로 들어가니 땅이 곧 닫히고 효는 이에 돌아왔더라.

감상

그런데 이 이야기는 그대로 설화이기는 합니다만 과부의 아들이 말도 하지 못하고 일어나지도 못하다가 어머니가 죽자 갑자기 말도 하고 걷기도 하는 게 아무런 설명도 없이 이어져 좀 아쉽습니다. 또 그 아들의 이름이 蛇童(사동)에서 福(복)으로 바뀐 것도 이상합니다. 그러나 어디까지나 불교적 설화이니 그렇게 이해해야 할 것입니다. 아마 다 원효대사를 기리는 가운데 만들어진 이야기라 여깁니다. 곧 원효는 저 세상 사람과도 통하는 인물이었다는 것이지요. 그리고 전생이 있고 후생이 있다는 진리를 말하고도 있지요.

끝으로 대사에 얽힌 이야기 한 편 할까요? 파계한 이야기입니다. 그대로 옮깁니다.

"聖師(성사) 원효는 속세의 성은 설씨이다. ----- 스님이 어느 하루 바람 부는 거리에서 말하기를

'誰許沒柯斧(수허몰가부)　누가 나에게 자루 빠진 도끼를 허락할까?
斫我支天柱(작아지천주)　내 하늘을 지탱하는 기둥을 찍으리라.'

하였다. 사람들은 모두 무슨 말인지 몰랐다. 때에 태종이 이를 듣고 말하기를 '이 스님이 아마 귀부인을 얻어 어진 아들을 얻고자 하는구나. 나라에 大賢(대현)이 많으나 이만한 이는 없다.' 하였다. 때에 요석궁에 과부 공주가 있었다. 궁의 관리를 명하여 효를 찾아 데려오게 하였다. 관리가 왕의 명령을 받들어 그를 찾으니 이미 남산으로부터 와서 문천교를 건너고 있었다.

그를 만나 거짓으로 물에 빠트려 바지를 젖게 하였다. 관리가 스님을 끌고 궁에 가서 젖은 옷을 갈아입게 하니 그로 말미암아 머무르게 되었는데 공주는 과연 임신을 하게 되고 설총을 낳았다.

원효대사를 그립니다.

대사님 크신 그릇
파계를 하셨습니다.

중생을 깨우치고자
법문을 여셨습니다.

널리 제도하시고자
박을 차고 마을마다 다닌 대사

오늘 여기 오셔서
공주를 품듯 그렇게
완악한 이 백성도 감싸 안아 주소서.

12

金地藏김지장(696~794) 스님의 시

送童子下山(송동자하산)

空門寂寞汝思家(공문적막여사가)
禮別雲房下九華(예별운방하구화)
愛問竹欄騎竹馬(애문죽란기죽마)
懶於金地聚金沙(나어금지취금사)
添瓶澗底休招月(첨병간저휴초월)
烹茗甌中罷弄花(팽명구중파롱화)
好去不須頻下淚(호거불수번하루)
老僧相伴有煙霞(노승상반유연하)

번역

동자를 산 아래로 보내며

절간은 적막하니 너 집 그리워
운방을 이별하고 구화산 내려가는구나.
사랑스리 물어보자. 죽난간에서 죽마타고
게을리 금지에서 금사라기 모으겠지.
개울에서 병에다 물 채우며 달 부르는 일 그만두고
사발에서 차 끓이며 꽃놀이 그만하겠지
잘 가거라, 모름지기 눈물일랑 보이지 말라
노승은 짝 동무 연하가 있느니.

감상

≪全唐詩(전당시)≫에 실려 있는 김지장 스님(705-803)의 시라고 합니다.

김지장 스님은 신라의 왕자로 당나라 현종 때에 당나라에 가서 스님이 되셨다고 합니다. 위의 연대에서 보시다시피 아주 오래 그러니 99세까지 장수하신, 당시로선 아주 드문 노승이십니다. 왕자로서 스님이 되셨다니 그 자체가 비범한 일이 아닌데 더구나 당나라에까지 가서 되셨다니 참 대단하신 분인 것 같습니다. 그 경지가 어느 정도에 이르렀는지는 알 수 없으나 다만 이 오언율시 한 수의 시가 남아 있어 가늠하여 볼 뿐입니다.

이 시는 제목 그대로 데리고 있던 동자를 산 아래 세상으로 내려 보내며 읊은 시입니다. 동자의 처지를 잘 이해하며 그 세계를 인정하는 아름다운 마음씨가 녹아 있습니다. 너에겐 죽난간에서 죽마 타고 금싸라기 모으는 너의 세계가 있으니 이젠 개울에서 병에다 물 길으며 달을 부르거나 사발에서 차를 끓이던 일은 그만둔다는 것입니다. 그리고 그 동자가 자기를 염두에 두고 혼자 내려가는 걸 괴로워할까 하여 도리어 내 걱정은 말고 잘 가거라고 합니다. 나에게는 동무할 연하가 있는데 무슨 걱정이 있느냐 하는 겁니다. 참으로 높은 경지에 다다른 노승의 어진 마음이요 그 독백이라 하겠습니다.

참으로 높은 경지에 다다른 분은 어린 아이 하나에게도 이런 인정을 가지시는가 봅니다. 예수님도 어린이가 내게 오는 것을 금하지 말라고 하셨습니다. 작은 자 하나에게까지 미치는 정이 있어야 뭇 대중을 끌어안는 큰 그릇이 되지 않을까 혼자 나름으로 짐작하여 봅니다.

김지장 스님을 그리며

일찍이 왕자의 귀하신 몸
왕자보다 더 귀한 스님으로 사셨다니
우러러 그 깊은 삶 헤아려 보옵니다.

어린이는 어린이로 놓아주어
죽마 타고 금싸라기 줍게 하고
煙霞(연하)로 벗을 삼는 悠悠自適(유유자적) 노스님

속세에 찌든 영혼, 메마른 가슴.
거울에 비친 나는 너무도 초라한 몰골
연하마저 나를 버려 외로이 우옵니다.

13

慧超혜초(704~787) 스님의 시

통일신라 전성기, 성덕왕 시대의 혜초는 아마 우리나라 역사상 가장 뛰어난 여행가였다고 하겠습니다. 당시 신라에서 당나라로 갔다가 다시 인도로 가 인도의 다섯 나라를 여행하고 당나라로 돌아왔으니 참 대단한 장거리, 그리고 장기간의 여행이었다고 할 것입니다. 거기에다 그 유명한 여행기를 다 남기었으니 참으로 위대하다 할 것입니다. 그가 남긴 여행기 《왕오천축국전(往伍天竺國傳)》은 세계적으로도 알려진 여행기입니다. 여기서 "往(왕)"이란 글자 그대로 간다는 뜻이고 "천축국"은 인도요, "오천축국"이라 하였으니 당시 갈라져 있던 다섯 인도를 말합니다. 그러니 그 인도 다섯 나라를 가 본 이야기란 뜻의 이름입니다. 책이 失傳(실전)되었다가 돈황 문서 가운데에서 앞 두 부분에 조금씩 떨어진 채 프랑스 박물관에서 발견되었습니다.

여기서 이야기가 빗나갑니다만 잠시 "돈황 문서"에 대한 이야기를 하여야 하겠습니다.

돈황이란 중국에서 서역으로 나가는 길목에 있는 지명입니다. 실크로드의 가장 중요한 도시였습니다. 여기는 사막지대인데 오아시스가 있어 가고 오는 많은 인파가 들끓어 자연 도시가 형성되었지요. 그러니 그 도시엔 자연 동서 문화가 어우러지게 되지요. 동서의 각종 서책이 다 모여들었습니다. 그리고 거기 또 자연히 사원이 들어서게 되는데 그 사원엔 이런 책이며 불상, 그리고 서양의 각종 성물도 자연 모아지게 되었습니다. 그리하여 불상에 마리아상, 십자가상까지 아주 잘 어울리게 되지요. 참 이상한, 동서가 공존하는 사원이 된 겁니다. 그런데 실크로드가 사라지게 되니 이 도시도 자연 덩달아 시들어집니다. 그러다 그만 도시 전체가 다 사막에 파묻혀 버리고 맙니다. 지금도 그 지방으로 가 보면 이를 실감할 수가 있습니다. 그 유명한 시의 한 구절 "西出陽關無故人(서출양관무고인)"의 그 양관도 지금은 사막한 가운데 있습니다. 이렇게 자꾸 사막화가 되지요. 그래 이 돈황도 그만 그렇게 사막화가 되어 버려서 세인들에게 그 자취를 감추어 버립니다. 그러다 19세기 말에 프랑스의 어느 학자에 의해 발견이 되고 알려지니 그만 세계의 열강들이 너나없이 마구 달려들어 유린하고 약탈하여 가는 겁니다. 프랑스, 영국, 미국, 나중엔 일본까지 마구 덤벼 그 문화재를 약탈하여 간 겁니다. 우리나라 강화도에 프랑스 함대가 들어와 우리 문화재를 마구 약탈하여 간 것과 같지요. 이때 청나라 정부는 전혀 힘을 쓰지 못하던 때라 이를 눈뜨고 뻔히 보면서도 말리지도 못하였습니다. 그리하여 그들, 약탈자들은 심지어 그 약탈한 문화재를 북경에 가서 전시회마저 열면서 자랑하고 공공연히 가져갔습니다. 그리하여 지금도 돈황 그 유적지에 가면 "중국 역사상 가장 오욕적인 곳"이란 자괴의 팻말이 붙어 있습니다.

자, 돈황 이야기는 이쯤 하구요. 어떻게 되었든 우리의 귀중한 《왕오천축국전》이 이 돈황 문서 가운데에서 발견된 겁니다. 아마 근 천년 만에 만나는 게 아닐는지요. 그 여행기 가운데 시가 다섯 편 들어있습니다. 그 시 가운데 두 번째 시 한 편을 보겠습니다.

月夜瞻鄕路(월야첨향로)
浮雲颯颯歸(부운삽삽귀)
緘書參去便(함서참거편)
風急不聽廻(풍급불청회)
我國天涯北(아국천애북)
他邦地角西(타방지각서)
日南無有雁(일남무유안)
誰爲向林飛(수위향림비)

번역

달밤에 고향 길 바라보는데
뜬 구름만 둥실 둥실 돌아가네.
편지를 봉하여 가는 편에 부치나
시절이 급해 돌아오는 소식 못 들으리.

우리나라는 하늘 끝 북쪽에 있고
남의 나라는 땅 모서리 서쪽에 있나니
하늘 남쪽은 기러기도 없으니
누가 계림을 향해 날아가리?

감상

향수가 짙게 배어 있는 시입니다.

향수는 대개 낮보다 조용한 밤에 더 일어납니다. 더구나 달밤에는 사람의 마음을 여리게 하고 그리움에 젖게 합니다. 비록 모든 인간사를 다 접어두고 도를 닦는 불자라고는 하나 그래도 사람은 사람이라 감정은 어쩔 수 없는 것입니다. 애써 이를 감추려 함은 오히려 위선이 될 것입니다. 이 스님도 지금은 어쩔 수 없는 나그네로서 향수를 느낍니다. 나그네는 달밤에 고향 쪽 하늘을 바라보며 고향을 그리고 있습니다. 바라보니 구름은 둥실 둥실 떠서 그리로 흘러가고 있는 게 아닙니까? 그 구름에 비견하니 갈 수 없는 자기 신세가 더 처량하게 여겨집니다. 마음대로 떠가는 구름이 부러운 것입니다. 마침 가는 인편이 생겼습니다. 여러분, 한 번 상상하여 보세요. 그 당시 그 서쪽 나라 인도에서 인편이 생기다니 참 신기한 노릇이기도 합니다. 그래 반가워 편지를 부칩니다. 그러나 내 신세가 급하기 바람 같아 회신이야 어찌 기대하겠습니까? 자탄을 합니다.

그리고는 조용히 감정을 추스르고 되돌아봅니다. 여기가 도대체 어디냐? 우리나라는 하늘 끝 북쪽인데 이 나라는 땅 모서리 서쪽이 아니던가? 이곳 서쪽은 더운 지방이라 기러기도 없으니 저 신라, 계림을 향해 편지를 전하여 주고받을 길이 없다 하고 자각을 합니다. 이 자각이 자신을 더 처량하게 더 슬프게 합니다. 또 독자도 그렇게 만듭니다. 예로부터 기러기는 그 발에다 편지를 달아 전하여 주었다 하여 소식을 전하는 길조로 여겼습니다. 그런데 지금 그가 사는 서쪽 나라 인도엔 그 기러기조차 없으니 더욱 암담한 것이지요. 더욱 안타깝게 합니다. 여기 끝의 글자 "林(림)"은 그냥 막연한 "수풀"이 아니고 신라의 상징 鷄林(계림)으로 보아야 적당할 것입니다. 혜초 스님을 그려 봅니다.

혜초 스님을 그리며

깊은 신앙은 성지를 향하여 만리를 달리고
해박한 지식에 드넓은 견문은 기록으로 남겼더라.

스님도 사람이라, 향수를 느끼던가?
그 애틋한 정, 더욱 경외심 가나이다.

지지리도 못난 후대들,
스님의 뒤는 잇지도 못하고
조무래기 좁쌀로 싸움질만 하더이다.

14

발해 王孝廉왕효렴(? ~815)의 시

발해를 생각하면 참 안타깝습니다. 나라를 잃고 그 역사마저 잃어 그 후손도 끊기었습니다. 그래 지금은 그 국적마저 애매하게 되었습니다. 중국은 중국대로 자기들 가운데 소수민족의 지방 왕국이었다고 합니다. 한국은 한국대로 우리 민족이 세운 고구려의 후계국이라 합니다. 저는 생각하기를 적어도 그 상류층은 분명 고구려의 유민이었다고 단언합니다. 왜냐하면 일본 역사에 "발해에서 사신이 왔는데 통역이 없어 신라 통역관을 불러 시켰다" 라는 기록이 있습니다. 그러니 그 발해 사신이 신라와 같은 말을 썼다는 게 아닙니까? 그럼에도 김부식이 삼국사기를 쓰면서 발해를 완전 무시하여 우리가 우리 역사를 부정하는 모순을 낳아 오늘 이 지경에 이르렀습니다. 그나마 조선 후기 실학자들의 노력으로 어느 만큼이나마 되찾은 건 다행입니다만 지금 또 중국의 거대한 바람에 빼앗기고 있는 현실입니다.

여기 소개하는 왕효렴은 발해인으로 일본에 사신으로 가서 이 시를 지었다고 합니다. 일본 기록에 남은 것입니다.

寂寂朱明夜(적적주명야)
團團白月輪(단단백월륜)
幾山明影徹(기산명영철)
萬象水天新(만상수천신)
棄妾看生恨(기첩간생한)
羈情對動神(기정대동신)
誰云千里隔(수운천리격)
能照兩鄉人(능조양향인)

번역

쓸쓸한 여름 밤
둥글고 둥근 흰 달이여
얼마나 많은 산 밝게도 비추는지
온 세상 물도 하늘도 새롭도다.
버림받은 여인은 볼수록 한이 새롭고
매인 정은 대할수록 정신이 동한다.
누가 천리나 떨어졌다 말하던가?
저 달이 두 나라 사람에게 다 비추는 걸

감상

달을 보며 향수를 읊은 노래입니다.

저 둥글고 둥근 달, 온 만상을 다 비추는 달, 그 달은 볼수록 새롭습니다. 더구나 타국에서 보니 더욱 새롭지요. 그래 버림받은 여인인 양, 한이 서리고 나그네의 정신이 움직입니다. 그래 절규하듯 외칩니다. "누가 멀리 떨어졌다고 말하던가? 저 달이 두 나라 다 비추는데." 라고. 얼핏 들으면 "저 달을 두 나라 사람이 다 보고 있으니 멀리 떨어진 게 아니다." 라고 하는 것 같으나 그러나 이는 역설로써 "두 나라 사람이 다 같은 달을 보고 있는데도 실제로는 서로 볼 수 없으니 더 그립다." 라는 말입니다. 달을 보며 짙은 향수를 그리고 있습니다. 그런데 그는 그 그리던 고향 사람을 못 만나고 돌아가는 길에 배에서 죽었다고 하니 참 가련하다 할까요? 안타깝습니다.

다음의 시는 제가 발해의 수도 상경 용천성 - 지금은 동경상이라 부름 - 에 가서 그 왕궁 터를 보며 서러움에 겨워 읊은 것입니다.

발해여, 발해여.

발해여, 발해여.
해동성국, 대진국 발해여,

못난 후손 당신을 잃고 천년을 지났다니.
이제 와 머리 숙여 깊이 사죄 하옵니다.

드높은 기상에, 찬란한 문화에
200년 이은 사직, 장한 역사 펼쳤는데.

말 달리던 초원에서 길쌈하던 논밭에서
그 소리 들으려고 나 여기 섰습니다.

소리도 들리잖고 흔적도 안 보이고
서러워 서러워 목 메이게 외칩니다.

발해여, 발해여.
아, 아, 해동성국 발해여.

15

王巨仁왕거인의 憤怨詩분원시

于公痛哭三年旱(우공통곡삼년한)
鄒衍含悲五月霜(추연함비오월상)
今我幽愁還似古(금아유수환사고)
皇天無語但蒼蒼(황천무어단창창)

번역

우공이 통곡하니 삼년이나 가물고
추연이 슬픔을 품으니 오월에 서리 내렸다.
지금 나의 그윽한 근심 도리어 옛사람과 비슷한데
하늘은 말이 없이 다만 푸르기만 하구나.

감상

《삼국사기》에 이렇게 기록되어 있습니다. 진성여왕 때의 일입니다.

"위홍이 죽자 혜성대왕이라 시호를 내리었다. 그 후로는 몰래 미소년 두세 사람을 끌어들여 음탕한 짓을 하며 그들에게 요직을 주어 국정을 맡겼다. 이로 말미암아 방자한 뜻이 설치고 뇌물이 공공연히 행하며 상벌이 불공하고 기강이 해이해졌다. 때에 어떤 이름 없는 사람이 이런 정치를 비방하여 조정으로 가는 길에다 방(榜)으로 붙였다. 왕이 이 사람을 찾고자 하였으나 찾지 못하였다.

이에 어떤 자가 '이는 필시 지식인 가운데 뜻을 얻지 못한 자가 하였을 것입니다. 아마 대야주(大耶州)의 隱者(은자) 왕거인이 아닐까 합니다.' 하였다. 이에 왕은 거인을 서울 옥에다 잡아 가두라 명하고 장차 죽이려 하였다. 거인이 분을 품고 감옥 벽에다 글을 썼다. 위의 시이다.

그 밤에 갑자기 안개가 끼이고 번개가 치고 우박이 쏟아졌다. 이에 왕이 두려워 거인을 놓아 돌려보내었다."

이 시는 《全唐詩(전당시)》에도 그리고 《삼국유사》에도 실려 있습니다. 시는 조금씩 다르긴 하여도 그 내용은 결국 비슷하고 쓴 내력 또한 비슷합니다. 그만큼 알려졌던가 봅니다. 그 절박하고 억울한 사연도 우리의 동정을 자아내게 하지만 그 시의 솜씨 또한 아주 높다고 하겠습니다.

여기 등장하는 우공과 추연은 모두 중국 고사에 나오는 인물입니다만 그 사연은 번거로워 생략합니다. 그리고 대야주는 지금의 경상남도 합천이라고 합니다. 거기 왕거인과 같은 은자가 살았다면 본인은 물론 나라로서도 큰 불행일 수밖에 없습니다. 그런 분은 마땅히 나와서 조정의 일을 맡아야 합니다. 그러나 나올 수 없는 현실이 참 비극이지요. 그러니 머잖아 나라가 세 나라로 쪼개져 이른바 후삼국 시대가 열리고 곧 이어 끝내는 망할 수밖에 없었지요.

은자 왕거인을 그린다.

하늘은 때때로 큰 그릇을 보내건만
세상은 번번이 몰라보아 버리고 알아보아 죽이나니
대야주 깊은 산골 당신 한숨 서리었소.

얼마나 억울하여 하늘 향해 외쳤을까?
하늘이 귀가 밝아 그 울음 답했더라.

오늘 여기 은자마저 없는 세상
사기꾼에 모리배에 쓰레기만 설치고
울음도 외침도 들리질 않아

하늘도 말을 잃었더라.
은자여, 나오소서. 이 부조리의 사회에
은자여, 크게 한 번 울어 주소서.

16

崔致遠최치원(857~ ?)의 시 1

"東國 文宗(동국 문종)"이라 불리는 최치원은 말 그대로 정말 대단한 문인이었습니다. 당시 세계의 중심이라고 할 당나라에서 당당히 과거에 급제하고 또 거기서 文名(문명)을 떨치어 황제로부터도 인정을 받아 하사품도 받았습니다. 게다가 《東文選(동문선)》에 신라인의 작품이 모두 192편이 실렸는데 최치원의 작품이 146편이라고 합니다. 그만큼 많은 작품, 그것도 《동문선》에 실릴 가치가 있는 글들을 남겼습니다. "동국문종"이란 말이 결코 과장이 아닙니다.

그러나 그의 삶은 결코 화려하지도 못했으며 또 그의 뜻을 펴 보지도 못하였습니다. 당나라에서는 외국인의 한계를 느껴야 하였으며 귀국하여서는 또한 성골이다 진골이다 하는 귀족이 아니고 겨우 六頭品(육두품) 출신이어서 신분의 차별을 감수허여야만 하였습니다. 육두품이란 신분 계급의 서열이 여섯 번째라는 것 같습니다. 그러니 아주 낮은 천한 신분이지요. 더구나 "鷄林 黃葉(계림 황엽)"의 말기를 당한 신라에서 그가 설 곳은 없었습니다. 결국 해인사로 들어가는 은거의 삶으로 마감할 수밖에 없는 불우한 노년을 맞았습니다. 그의 시에는 이러한 비애의 한숨이 짙게 배어 있는 내용이 많습니다. 다음의 시들은 그 대표적인 예라고 하겠습니다.

陳情上太尉詩(진정상태위시)

海內誰憐海外人(해내수련해외인)
問津何處是通津(문진하처시통진)
本求食祿非求利(본구식록비구리)
只爲榮親不爲身(지위영친불위신)
故園歸夢一邊春(고원귀몽일변춘)
客路離愁江上雨(객로이수강상우)
濟川幸遇恩波廣(제천행우은파광)
願濯凡纓十載塵(원학범영십재진)

번역

태위에게 진정하며 올린 시

나라 안에서 누가 나라 밖 사람 가엽게 여기랴?
물어보자, 어느 곳이 나루로 통하는가?
본디 먹고 살기를 구하였지 이득을 구하진 않았고
다만 어버이 영화롭게 할 뿐 내 몸 위하지는 않았더라.
나그네 길 이별의 근심, 강에는 비가 내리고
고향으로 가고픈 마음 한 자락 봄꿈이로다.
냇물 건너다 요행히 은혜로운 물결 널리 만나
원컨대 속된 갓의 십년 먼지 씻어 버린다면

감상

여기서 해내는 당나라이고 해외는 외국입니다. 외국인으로서 당나라에 산다는 게 그리 쉬운 일은 아니었습니다. 갖가지 제약이 많았겠지요. 나아가 멸시와 천대도 받았을 겁니다. 그럼에도 선뜻 돌아가지 못하는 데에 더욱 아픔이 있습니다. 이런 점은 오늘 외국에 나가 사는 한국인들도 같은 처지

일 것입니다. 그런 가운데서도 많은 한국인들은 일확천금을 꿈꿉니다. 마찬가지로 1,000 여 년 전 신라시대에도 이런 꿈을 꾸었던 것 같습니다. 요행히 은파를 만나 십년 끼인 갓의 먼지를 다 털었으면 하는 겁니다. 당신이 좀 그렇게 해 달라는 은근한 부탁입니다. 그런 가운데도 오기는 있어 이득을 탐하지 않았고 내 몸 위하여 이런 고생 하는 건 아니라 변명을 합니다.

그래도 최치원 같은 분이시니 이런 말을 하여도 그런가 보다 하고 넘어가지만 보통 사람이 이런 말 하면 실의자, 패배자의 과대망상, 자기변명이라 할 것이요, 나아가 자기 한숨이라 하겠지요. 깊이 들여다보면 그 처지에 동정이 가기도 합니다. 오늘날도 이런 분들이 너무 많지요. 명예나 영리를 위해서가 아니고 조국을 위해서 봉사하느라고 이 자리를 맡았다고 하고 이런 일도 한다고 하지요. 하도 그런 말을 많이 들어 그만 진위를 구별하기 어렵게 되었습니다. 차라리 여기 최치원 선생도 어버이를 위하고 내 몸 영화롭길 바란다고 하였으면 더 절실하게 우리에게 다가오지 않을까 합니다.

17

崔致遠최치원(857~ ?)의 시 2
秋夜雨中추야우중

秋風唯苦吟(추풍유고음)
擧世少知音(거세소지음)
窓外三更雨(창외삼경우)
燈前萬里心(등전만리심)

번역

가을바람에 괴롭게 읊조리는데
온 세상에 지음은 적구나.
창밖엔 한밤중에 비가 오는데
등잔 앞에선 만리를 달리는 마음이여.

감상

가을 밤, 쓸쓸한 바람이 붑니다. 그 소리를 들으며 괴롭게 심회를 읊고 있습니다. 그러나 온 세상 다 뒤지어도 자기를 알아 줄 벗은 적습니다. 이 외로움이 우리를 울립니다. 거기에다 한밤중에 추적추적 비가 옵니다. 더욱 마음을 처량하게 이끕니다. 그 빗소리를 들으며 마음은 만리 밖으로 되돌아가고 있습니다. 향수에 젖어 한탄하는 것인가요? 아니면 화려한 추억에 현실의 자아를 자탄하는 것일까요? 글자 20자로 어떻게 이리도 심회를 적절하게 표현하는지요. 참으로 놀랍지 않습니까?

그런데 이 시의 해석에 대하여 말이 많습니다. 시의 내용을 보고 향수를 노래한 시라고 하는 것입니다. 곧 시인이 당나라에서 고향을 그리며 읊었다는 것입니다. 그리하여 제가 있는 이곳 중국의 조선족 중학교 교과서에는 이 시의 주제를 "향수"라고 못 박아 놓고 있습디다. 시의 주제를 무엇이라고 단정하는 일은 독자의 상상력을 축소시키는 해악이라고 합니다만 아직도 이런 우를 범하는 교사들이 많습니다. 이 시 역시 향수를 노래한 시라고 할 수 있습니다. 그러나 최치원의 삶을 유추하면 향수라기보다 오히려 그의 불우하였던 만년에 당나라에 있었던 시절을 그리워한다고 봄이 더 적절할 것도 같습니다. 그렇다고 이게 또 정답은 아닙니다. 그러므로 주제를 향수라고 단정할 게 아니라 이리도 보고 저리로도 보는 시야를 넓혀 지도하여야 할 것입니다. 이 시의 주제를 후자로 볼 경우 창밖은 한밤과 같이 어두운 세상이요 거기다 비까지 오므로 나갈 수도 없어 오로지 자그마한 등잔불을 대하여 과거나 추억하며 살아야 하는 시인의 처지가 더 핍진하게 우리에게 다가오는 것이지요. 그리하여 다음과 같은 시도 나왔다고 하겠습니다.

18

崔致遠최치원(857~ ?)의 시 3
題伽揶山제가야산

狂噴疊石吼重巒(광분첩석후중만)
人語難分咫尺間(인어난분지척간)
常恐是非聲到耳(상공시비성도이)
故教流水盡籠山(고교류수진농산)

번역

첩첩이 쌓인 바위에 미친 듯 뿜어내며 온 산에 고함치니
사람의 말소리 지척에도 분변하기 어렵더라.
항상 세상 소리 귀에 들릴까 두려워
흐르는 물로 하여금 짐짓 온 산을 둘러막았구나.

감상

그가 말년에 은거하였던 해인사에서 지은 것이라 합니다. 가야산은 해인사가 있는 산입니다. 이 산에 은거하여 읊은 것이지요. 그 산 계곡에서 자기의 심회를, 산과 거기 흐르는 물에 부쳐 부른 노래입니다. 세상사 귀찮아 귀 막고 살고픈 심경이라면 그 세상에서 좌절과 실의를 많이 겪은 나머지의 심경일 것입니다. 불우하였던 말년이 눈에 보이는 듯 합니다. 여기 고운 선생뿐 아니라 많은, 그 뒤에도 참 많은 지성인들이 세상을 잘 못 만나 그런 좌절을 겪었습니다. 이런 분들을 우리 역사에서 너무도 많이 보아 왔습니다. 많은 선비들이 다 그 세상을 잘 못 만나 자기 뜻을 펴지 못하고 이렇게 은거의 삶을 살다 간 것입니다.

흔히 고려 말 三隱(삼은)을 말하여 포은, 목은, 야은, 혹은 도은을 일컫지요. 이와 같이 신라 말에는 三崔(삼최)를 말합니다. 최치원, 최승우, 최언위를

듭니다. 최언위 대신 최광유를 들기도 합니다. 그런데 재미있는 사실은 麗末(려말) 삼은은 다 조선 왕조를 거부하였는데 羅末 三崔(나말 삼최)는 모두 다 각각 제 길을 간 것입니다. 최치원은 앞에서 본 바와 같이 신라에 희망을 잃고 왕건에게 호감을 갖기는 하였으나 끝내 그 조국을 버리지는 못하였습니다. 그러나 최승우는 용감히 왕건에게 가서 그를 도와 고려의 건국에 큰 공을 세웠습니다. 덕분에 그는 물론 그의 자손까지도 고려에서 영화를 누리었습니다. 반면에 최언위는 견훤에게로 갔다가 끝내 견훤과 더불어 멸망의 길을 가고 말았습니다. 요즘 말로 말하자면 줄을 잘 못 선 것이지요. 지금도 봅니다만 역사의 격동기에 지식인들이 가야 할 길을 제대로 찾는 게 그리 쉽지 않은가 봅니다. 고운 선생을 아파하는 시조 한 편을 썼습니다.

고운 선생을 아파한다.

唐(당)나라에 떨친 文名(문명)
小國(소국)은 몰라주고

六頭品(육두품) 출신이라
하대만 받았더라.

늙어선
갈 곳도 없어
해인사에 숨다니.
東國文宗(동국문종) 크신 어른
그렇게 시드셨나?

鷄林黃葉(계림황엽) 아파 해도
새 세상은 못 여시고
귀 막고
한숨 토하다
신선 되어 가셨지.

고려시대

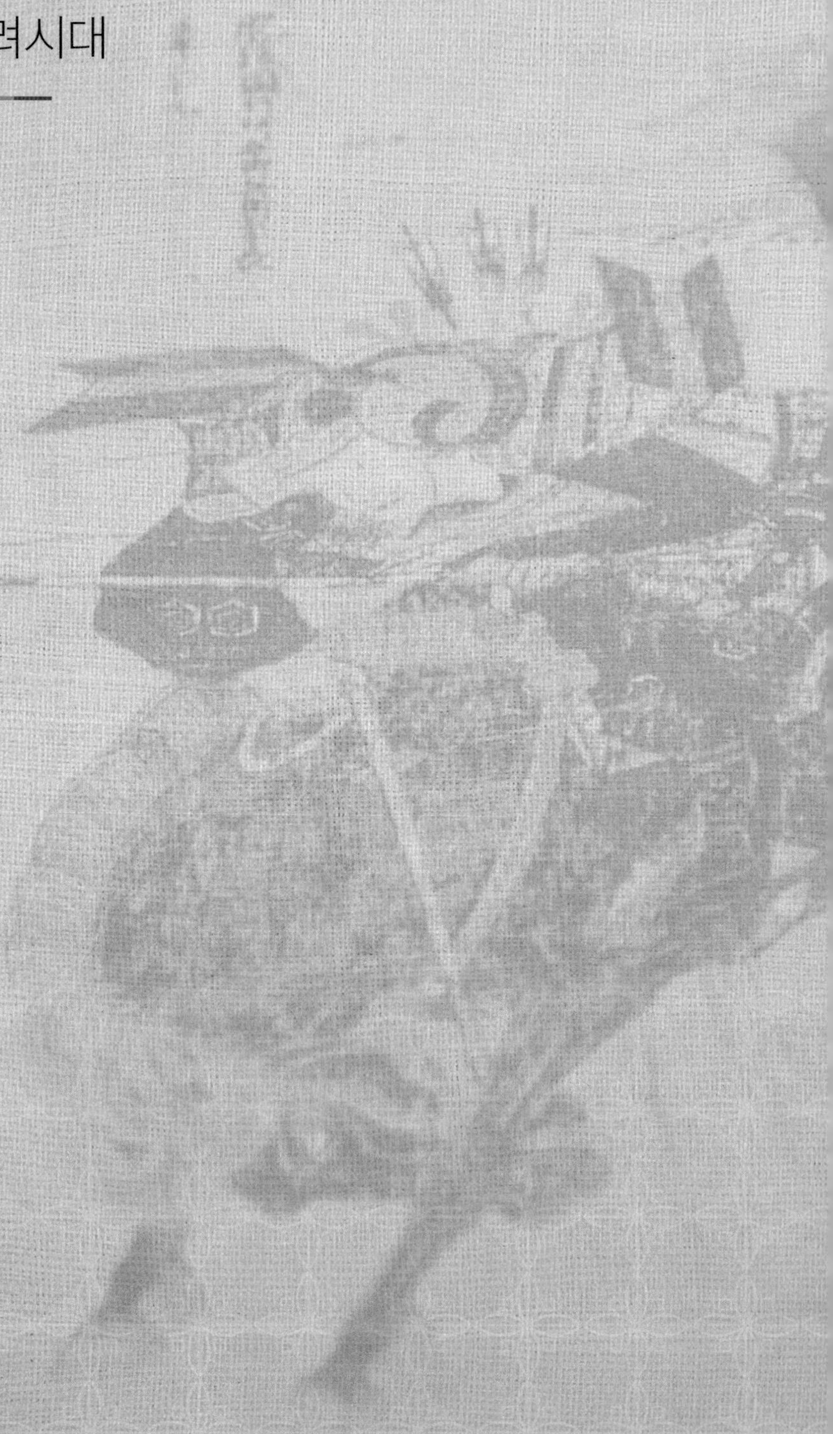

19. 균여대사의 향가

20. 최충의 시 1

21. 최충의 시 2

22. 박인량의 시 1

23. 박인량의 시 2

24. 도이장가

25. 정과정곡

26. 정지상의 시 1

27. 정지상의 시 2

28. 고려 속요 정석가

29. 고려 속요 청산별곡

30. 고려 속요 가시리

31. 이인로의 시

32. 오세재의 시

33. 임춘의 시

34. 이규보의 동명왕 편

35. 이승휴의 제왕운기

36. 익제 이제현의 시

37. 목은 이색의 시

38. 포은 정몽주의 시

39. 고려의 시조 역동 우탁의 시조

40. 고려의 시조 이조년의 시조

41. 고려의 시조 목은 이색의 시조

42. 고려의 시조 야은 길재의 시조

43. 고려의 시조 원천석의 시조

19

均如大師균여대사(923~973)의 향가
禮敬諸佛歌예경제불가

고려는 신라를 이었으므로 그 문화도 그대로 이어져 갔습니다. 신라에서 비롯된 향가도 고려 초기까지 그대로 이어졌습니다. 均如大師(균여대사)는 향가체로 11수의 讚佛歌(찬불가)를 지었습니다. 〈普賢十願歌(보현십원가)〉라고도 하고 〈普賢十種願王歌(보현십종원왕가)〉라고도 불리는 노래입니다. 이 열한 수의 노래가 모두 향가체로 지어졌습니다. 그 내용은 대개 화엄경에서 따온 것이라 합니다. 이 노래들은 혁련정(赫連挺)이란 분이 편찬한 《均如大師傳(균여대사전)》에 다 수록되어 있습니다. 이 11수 가운데 제일 앞에 있는 〈禮敬諸佛歌(예경제불가)〉 한 수를 감상하여 보겠습니다.

마음의 붓으로 그리온 부처 앞에
절하는 몸은 법계 이르도록 이르거라.
티끌마다 절이며, 절마다 뫼셔놓은
법계 차신 부처께 구세(九世) 내내 절하옵고저.
아아, 몸, 마음, 뜻에 싫지 않게 이리 되어 있노라.

조동일 번역

보시다시피 현대어로 번역하였다고 하나 이해가 어렵습니다. 그런데 당시에 이 향가를 최행귀(崔行歸)란 분이 한문으로 번역하였는데 그 번역이 이해에 많은 도움을 줍니다만 그래도 너무 어렵습니다.

以心爲筆畵空王(이심위필화공왕)
瞻拜唯應遍十方(첨배유응편시방)
一一塵塵諸佛國(일일진진제불국)
重重刹刹衆尊堂(중중찰찰중존당)
見聞自覺多生願(견문자각다생원)
禮敬寧辭浩劫長(예경녕사활겁장)
身體語言兼意業(신체어언겸의업)
總無疲厭此爲常(총무피염차위상)

번역

마음으로 붓을 삼아 부처님을 그리오며
우러러 절하오니 온 세계에 이를지라.
하나 하나 티끌 같이 많은 여러 부처님 나라
거듭 거듭 많은 부처님의 절
보고 듣고 깨달아 많은 바람 이루고저
경배하오니 넓고 길게는 오히려 사양하옵니다.
몸과 말씀 겸하여 나의 업이
모두 싫증 없이 이게 평상이 되게 하소서.

감상

그런데 최행귀의 이 번역이 아주 잘 되어서 중국에서도 많이 애송되고 아울러 균여대사를 아주 존경하게 되었다고 합니다. 또 많은 사람들이 이 노래를 더러 담 벽에다 붙여 놓기도 하였답니다.

沙平郡(사평군)의 那必(나필)이란 及干(급간)은 관절이 굳어진 지 3년이나 되어 치료할 수가 없었는데 균여대사가 가서 그를 보고 그 아픔을 민망히 여겨 이 원왕가를 입으로 가르쳐 주며 늘 읽게 하였는데 어느 날 하늘에서 소리가 나기를 "네가 대사님의 노래 덕에 아픔이 차도가 있으리라." 하더니 그로부터 스스로 일어서게 되었다고 합니다.

예로부터 노래에는 주술의 힘이 있다고 하였습니다. 그런데 이 분은 노래만 부른 게 아니고 또 부처님을 예경하였으니 이런 효험도 나타났다고 보아야 하겠지요. 그의 지극한 신앙이 그의 몸을 치료하였다고 이해됩니다.

찬 균여대사

돈독한 信心(신심)에
뛰어난 글 솜씨는
향가로 부처님 경배하고

중생에의 자비심은
그 노래 부르시며
3년 누운 병자를 일으켰다.

좋은 제자 만나
그 노래 대국에도 울려 퍼지고

크나큰 스님이시여,
오늘에도 그 노래 들려주소서.

20

崔沖최충(984~1068)의 시 1

“海東孔子(해동공자)”로 칭송되는 최충은 그 학문과 인격으로 이런 칭송을 듣기에 합당한 분이십니다. 그리고 문학에도 조예가 깊었습니다. 그런데 학문과 인격이 고매한 분이야 그 전후에도 더러 있었습니다만 고려조의 최충만큼 평탄하면서도 호화롭게 그리고 유유자적한 삶을 살다 간 사람은 흔하지 않습니다. 20세에 장원급제하여 벼슬에 나간 후에 순탄히 최고의 직위에까지 오르고 72세에 치사하고서는 별장을 지어 호사스럽게 생활하며 후대를 길렀으니 참으로 팔자가 좋은 분이십니다. 그리하여 후대의 李仁老(이인로)는 “時中 上柱國崔公(시중 상주국최공)은 공명과 부귀가 극(極)하였다.”고 하였습니다.

그러나 공명과 부귀가 극한 사람이야 최충 말고도 더러 있겠지만 거기에 덧붙여 말하기를 “雅尙出塵(아상출진), 詩語淸婉(시어청완)”이라 하였습니다. 고상하여 세속에서 벗어났으며 시어도 맑고 곱다는 말이지요. 대단한 칭찬입니다. 그러면서 시 한 수를 소개하였습니다. 어느 날 저녁 바람은 맑고 달은 밝은데 소나무 소리 들리니 자기도 모르게 읊었다고 하였습니다.

滿庭月色無煙燭(만정월색무면촉)
入座山光不速賓(입좌산광불속빈)
更有松絃彈譜外(갱유송현탄분외)
只堪珍重未傳人(자검진중미전인)

번역

뜰에 가득한 달빛은 연기 없는 촛불이요
자리에 들어온 산 빛은 부르지 않은 손님이라.
더욱이 소나무 소리 악보에도 없는 노래 하니
다만 귀중히 간직할 뿐 남에게 전하지는 못하리.

감상

참으로 꾸밈없는 한 폭의 그림 같습니다. 그저 평범히 있는 자연을 이렇게 즐긴다면 벌써 보통의 사람은 아니지요. 그 평범한 자연, 그것을 그토록 진솔하게 그리면서 참 가치를 이해한다면 이 세상 모든 사물에 대해서도 다 그 진수를 아는 것이겠지요. 이른바 도통했다고 하나요? 이 짧은 시는 그의 그 그윽하고 높고 깊은 경지를 보여주고 있습니다. 얼마나 수양을 하고 학문을 닦아야 이런 경지에 다다를 수 있을까요? 참으로 존경스럽습니다. 그리고 참 부럽습니다.

21

崔沖최충(984~1068)의 시 2

노년에 손님과 더불어 술 마시며 즐기다 보여주신 시입니다. 그저 느낌 그대로를 즉석에서 읊은 듯 아무런 꾸밈이 없습니다.

示座客(시좌객)

水閣風欞苦見招(수각풍영고견초)
簿書叢裏度流年(부서총리도류년)
朱櫻紫筍時長過(주영자순시장과)
紅槿丹榴態亦妍(홍근단류태역연)
病久却嫌邀客飮(병구각혐요객음)
性慵偏喜聽鶯眠(성용편희청앵면)
良宸健日終難再(양신건일종난재)
急趁花開作醉仙(급진화개작취선)

번역

앉은 손님에게 보인다.

물가 정자 바람 부는 난간 불러보기 어려운데
공문서 더미 속에서 세월을 보내었구나.
빨간 앵두 자주색 죽순 때가 멀리 지나는데
붉은 무궁화 붉은 석류, 모습 또한 곱구나.
병이 오래라 도리어 손님 청해 마시기를 꺼리고
성질이 게을러 꾀꼬리 소리 들으며 잠자기 좋아했네.

좋은 세월 건강할 때는 끝내 다시 오기 어려우리.
때마침 꽃 피었으니 술 취한 신선이 되리라.

감상

늙어 손님과 더불어 즐기면서 소회를 그대로 읊었습니다.

먼저 첫 연에서는 이렇게 좋은 경치에서 즐거움이 있는데 젊어서는 공문서 더미 속에 묻혀 세월을 보내었다는 겁니다. 그리고 그 좋은 경치를 구체적으로 그리었습니다. 앵두에 죽순에 무궁화에 석류, 다 아름답다는 것이지요. 이런 아름다움이 있는데 젊어서는 몰랐다는 겁니다. 게다가 병이 있어 손님 맞기를 꺼리었고 잠자기만 즐겨 하였다는 것입니다. 이를 자책하면서 이제 다시 마음을 가다듬습니다. 좋은 세월에 병 없는 날은 만나기 어렵고 또 때마침 꽃도 피었으니 실컷 마시고 신선이 되어보자는 것입니다. 풍류 그대로를 솔직히 나타내었습니다. 이게 멋입니다. 큰 분이라야 이런 멋도 즐길 수 있는 것입니다. 그야말로 "悠悠自適(유유자적)" 노년의 아름다움을 보여주고 있습니다. 세사에 찌들어 버린 저희 같은 무리들은 너무도 아득하여 감히 쳐다볼 수도 없는 경지인 것 같습니다.

海東孔子(해동공자) 崔沖(최충)선생을 흠모하며

얼마나 학문을 하고
어떻게 덕행을 쌓았으면
그렇게도 큰 福(복)을 받으실까?

약관에 장원급제
벼슬은 一人之下 萬人之上(일인지불 만인지상)
古稀(고희) 넘겨 致仕(치사)를 하여서도
九齋(구재) 열어 文憲公徒(문헌공도) 길렀더라.

학문의 높은 도리
배울수록 다함없고

문학의 깊은 경지
읽을수록 감탄을 하옵니다.

아들마저 잘도 두어
가업을 이어가니
해동공자 크신 이름
길이 두고 빛을 내옵니다.

얼마나 애쓴 연고입니까?
하늘도 도우셨지요.
그 맑은 福(복)에 높으신 德(덕)
아득히 우러러 흠모하옵니다.

22

朴寅亮박인량(? ~ 1096)의 시 1

박인량은 뛰어난 문장으로 외교를 잘하여 후세의 칭송을 받은 시인입니다. 옛날 동 아시아, 곧 중화권 세계에선 한문이 국제통용 문자이므로 한문을 잘하는 것이 외교에 큰 힘이 되었습니다. 고려 문종 시대, 당시 중국에는 송과 요나라가 자웅을 겨루고 있던 때였습니다. 이 두 강대국 틈바구니에서 줄다리기 같은 외교를 펼쳐야 하는 약소국가로서는 문장에 의지하여 나라의 자존심을 세우면서 또 실리를 챙겨야 하였습니다. 실제로 요나라가 압록강 동쪽으로 국경을 정하자 박인량이 그 땅을 돌려주어야 한다는 국서를 써서 요나라에 보내었더니 그 문장이 훌륭하다며 땅을 돌려주었다고 합니다. 오늘날 그 국서를 본다면 아마 아첨하는 내용이라고 욕을 할 것입니다만 당시 약소국으로서는 눈물을 머금으면서도 事大(사대)의 예를 올리지 않을 수 없었을 것입니다. 그러나 박인량이 그런 외교문서에만 뛰어난 문장가가 아니라 정말 시를 잘 지었습니다. 다음의 시를 보십시오.

使宋過泗州龜山寺(사송과사주귀산사)

巉巖怪石疊成山(참암괴석첩성산)
上有蓮房水四環(상유연방수사환)
塔影倒江翻浪底(탑영도강번랑저)
磬聲搖月落雲間(경성요월락운간)
門前客棹洪濤急(문전객도홍도급)
竹下僧碁白日閑(죽하승기백일한)
一奉皇華堪惜別(일봉황화감석별)
更留詩句約重攀(갱류시구약중반)

번역

송나라에 사신으로 가서 사주 귀산사를 지나며

험한 비위 괴이한 돌, 첩첩이 산을 이루었는데
위에는 절이 있고 물이 사방을 둘렀네.
탑 그림자는 강에 거꾸로 서 물결 밑에 일렁이고
경쇠 소리는 달을 흔들며 구름 사이에 떨어지네.
문 앞 손님의 배는 큰 파도에 급한데
대나무 아래 스님의 바둑은 한낮에 한가롭네.
한 번 사신의 몸 이별이 아까우니
다시 시 한 수 남기며 거듭 오길 약속하네.

감상

제목 그대로 송나라에 사신으로 가서 사주 금산사를 지나며 들러 지은 시입니다. 1연에서는 절의 환경을 읊고 2연에서는 강에 거꾸로 비친 탑과 달을 흔들듯 들리는 경쇠 소리로 절의 모습을 그리고 다음 3연에서는 그 절에서 노니는 사람들, 곧 배를 타고 떠나야 할 나그네와 한가로이 바둑을 두는 스님을, 그리고 끝 연에서는 다시 오겠다는 자기의 심회를 나타내고 있습니다. 전체가 아주 정연히 정돈이 되어 있으며 그 가운데서 3,4연의 대구는 참으로 절창입니다. 그러므로 고려의 대 시인 이규보는 최치원의 題潤州慈和寺(제윤주자화시)에서 "畵角聲中朝暮浪(화각성중조모랑) 青山影裏古今人(청산영리고금인)"과 박인범의 題涇州龍朔寺詩(제경주용삭사시)에서 "燈撼螢光明鳥道(등감형광명조도) 梯回虹影落巖扃(제회홍영락암경)"과, 그리고 박인량의 이 시 "門前客棹洪波急(문전객도홍파급) 竹下僧碁白日閑(죽하승기백일한)"을 들면서 우리나라에서 시로써 중국을 울린 사람은 이 세 사람이라고 극찬한 바 있습니다.

그런데 그 박인량의 일행이 그 고을을 지나와서 새 노래 소리를 들었는데 옆 사람이 말하기를 "이는 바로 당신이 지은 그 시라."고 하더라는 것입니다. 그만큼 이 시가 요즘 말로 하면 히트를 친 것이지요.

그런데 이 시의 해석에 있어서 첫 연에 나오는 연방을 연꽃 핀 연못으로 해석한 것이 있는데 아무래도 좀 덜 어울리는 것 같습니다. 그런 해석의 근거로 연방에서 "방"자의 원문이 "房(방)"이 아니고 "坊(방)"이라는 겁니다. 원문을 따져 그럴 수도 있습니다만 아무래도 좀 어색합니다. 탑이다 경쇠는 다 절에서만이 볼 수 있는 것들입니다. 비록 원문이 그렇다고 하여도 山寺(산사)로 보아야 자연스럽고 맞을 겁니다.

23

朴寅亮박인량(? ~ 1096)의 시 2

掛眼東門憤未消(괘안동문분미소)
碧江千古起波濤(벽강천고기파도)
今人不識前賢志(금인불식전현지)
但問潮頭幾尺高(단문조두기척고)

번역

눈을 빼어 동문에다 걸어도 분을 삭이지 못해
천고에 푸른 강에다 파도를 일으키거늘
요즘 사람들 앞서 간 어진이의 뜻을 모르고
다만 파도가 얼마나 높은가만 묻는구나.

감상

위의 귀산사 시를 읊고 이들이 浙江(절강)에 이르렀는데 파도가 크게 일어 건너지 못하였습니다. “갑자기 왜 이럴까?” 걱정을 하다 앞에 보니 오자서의 묘가 있었답니다. 그래 박인량이 즉석에서 위의 시를 지어 오자서를 조문하여 읊었더니 즉시 바람이 조용해져 배가 건넜다고 합니다. 오자서는 알다시피 사마천의 〈〈사기열전〉〉에 나오는 인물로 참으로 억울하게 죽은 신하이지요. 기원 전 5세기경이니 거의 공자와 동 시대이지요.

천하가 어지러운 때였습니다. 오자서는 초나라 사람인데 초나라에서 그의 아버지와 형을 죽이고 자기도 죽이려 하니 도망쳐 오나라까지 왔습니다. 오나라에서 대신으로 섬기며 큰 공을 세웠습니다. 초나라로 쳐들어가 아버지를 죽인 원수를 갚았습니다. 당시 오나라는 또 월나라와 크게 다투었는데 처음 완전히 이기었습니다. 그래 오자서는 월나라 왕을 완전히 죽여 나라를 없애자고 하였습니다만 월나라 왕이 신하로 섬기겠다고 하니 그만 오나라 왕이 허락하였습니다. 그 뒤 월나라는 이를 갈며 군사를 길러 오나라에 복수하려 하였습니다. 우리가 흔히 쓰는 "와신상담(臥薪嘗膽)이란 故事成語(고사성어)가 이 오나라 왕 부차(夫差)와 월나라 왕 구천(句踐) 사이에서 비롯되었습니다. 이렇게 복수를 하려는 월나라의 계략을 안 오자서가 월을 경계하여야 한다고 극간을 하였건만 왕은 너그러운 채 듣지 않았습니다. 그리고는 도리어 월나라의 뇌물을 받아먹은 간신 백비(伯嚭)의 말을 들었습니다. 결국 오자서는 그 간신의 참소를 받아 도리어 억울하게 죽임을 당하게 되었습니다. 유언하기를 "내 눈을 도려내어 동문에 걸어라. 월나라가 쳐들어와 오나라가 망하는 것을 보겠다."고 하였습니다. 나라가 망하는 길로 가는 걸 뻔히 보면서도 구하지 못하고 도리어 간신의 참소를 받아 죽어야 하니 얼마나 답답하였겠습니까? 그 분(憤)이 얼마나 컸겠습니까? 마침내 오자서의 예언대로 오나라는 월에게 망하였습니다.

그 오자서의 憤(분)을 시에서 인용한 것입니다. 시에서 이런 典故(전고)를 적절히 이용함은 시의 품격을 높이고 아울러 含意(함의)를 넓고 깊게 합니다. 오자서의 분은 그 눈을 빼어 동문에 걸어도 삭으러들지를 않아 파도를 일으킨다는 것입니다. 참으로 적절한 지적이 아닙니까? 그러니 오자서의 혼령도 감읍을 하여 그 분을 삭이었는가 봅니다. 그래 그 사납던 물결이 잠잠해졌지요.

박인량이 이렇게 시를 잘 지어 유명하여지니 송나라 사람들이 박인량과 또 함께 간 김근의 시를 모아 《小華集(소화집)》이란 시집을 만들어 주었다고 합니다. 대단한 대접을 받은 것이지요.

박인량 찬가

文章華國(문장화국)이라 말만 듣다가
비로소 선생님에게서 보았습니다.
大中華(대중화)를 울리고 귀신마저 감동케 하였습니다.
以小事大(이소대사)의 뼈아픈 현실에서
그 文章(문장)에 그 詩材(시재)
그래서 떳떳이 나라 체면 세웁니다.

24

悼二將歌도이장가

두 장군을 애도하는 노래

見二功臣像(견이공신상)
氾濫有所思(범람유소사)
公山踵寂寞(공산종적막)
平壤事留遺(평양사류유)
忠義明千古(충의명천고)
死生惟一時(사생유일시)
爲君蹄白刃(위군제백인)
從此保王基(종차보왕기)

번역

두 공신의 모습을 보니
생각하는바 넘치도다.
공산에 흔적은 적막하나
평양엔 그 일이 남았도다.
충의는 천고에 밝고
사생은 오로지 일시더라
임금을 위하여 흰 칼날을 밟음이여
이로써 왕업의 기틀 보존되었도다.

감상

말 그대로 두 장군을 애도하는 노래입니다. 고려 예종이 지었습니다. 예종은 문학을 아주 즐긴 왕이었습니다. 신하들과 어울려 한시를 지으며 즐겼다고 합니다. 그런데 이 노래는 한시가 아니고 향가의 잔존 형태라 합니다. 그러니 향가로서는 조금 변체이지요. 이 노래를 지은 사연이 아주 심각합니다.

예종이 西京(서경)에 순행을 갔을 때입니다. 서기로 1120년이라 합니다. 서경에서 八關會(팔관회)가 열렸습니다. 팔관회는 태조 때부터 열린 궁중 잔치였습니다. 왕이 이 잔치를 보는데 이상한 일이 벌어지는 것입니다. 곧 허수아비 둘이 관복을 차려 입고 나와 춤을 추고 술을 마시며 즐기는 것입니다. "저들이 누구냐?" 물으니 "신숭겸과 김낙입니다."고 하며 이에 대한 이야기를 하는 것입니다.

태조 왕건이 삼국을 통일하고 즐거워 잔치를 베풀었는데 거기 꼭 있어야 할 두 장수가 없었습니다. 바로 신숭겸과 김낙입니다. 이들을 생각하며 왕은 슬픔에 잠겼습니다. 그도 그럴 것이 이들이 바로 자기 목숨을 구해주고 대신 죽은 분들이기 때문입니다. 지금 대구 팔공산의 전투에서 왕건은 후백제의 견훤에게 완전히 패하여 꼼짝없이 죽게 되었습니다. 그러자 신숭겸이 왕건을 수풀 가운데 숨기고는 자기가 왕의 옷을 바꿔 입고 왕의 수레를 타고 김락과 더불어 나가 싸우다 죽은 것입니다. 이 틈에 왕건은 살아난 것이지요. 지금 삼국을 통일하고 즐기는 잔치에서 왕건은 자기를 대신하여 죽은 두 장수를 그리며 비감에 잠긴 것입니다. 그러자 좌우에서 허수아비 둘을 만들어 왕 옆에 앉히었더니 그들이 춤도 추고 술도 마시며 함께 즐겼다고 합니다.

이 이야기를 자세히 들은 예종은 감격하여 그 두 공신의 후예에 대하여 묻고는 그 두 장군을 기리며 이 노래를 지은 것입니다. 노래는 한시를 먼저 짓고 이어 사뇌체로도 지었다고 합니다.

참고삼아 사뇌체의 원문을 그대로 옮겨 보겠습니다.

> 主乙完乎白乎(주을완호백호) 心聞際天乙及昆(심문제천을급곤)
> 魂是去賜矣(혼시거사의) 中三烏賜敎職麻又欲(중삼오사교직마우욕)
> 望彌阿里剌及被(망니아리자급피) 可二功臣良(가이공신량)
> 久乃直隱跡烏隱 現乎賜丁(구내직은적조은현호사정)

이에 대한 번역이 여럿 있긴 하나 너무 어려워 그만 두겠습니다. 또 아직 정설이 있지도 않습니다. 끝으로 노래 한 수 읊습니다.

도이장가를 읊으며

나라 일으킴에는 피가 엉키어 터를 닦는다.
신숭겸과 김낙은 피 뿌려 고려의 터전을 닦았더라.

얼마나 큰 사랑이기에 대신하여 죽는가?
임금을 위해서인가? 새 나라 위해서이던가?

팔공산 달 밝은 밤 두견새 슬피 울 제
두 장군이 지금도 피를 토함인가?
왕건이 아직도 울고 있는가?
예종이 그대로 흐느끼는가?

두 장군의 거룩한 죽음
도이장가로 남아
천년 지난 오늘도 가슴 울린다.

25

鄭瓜亭曲정과정곡

憶君無日不霑衣(억군무일불첨의)
政似春山蜀子規(정사춘산촉자규)
爲是爲非人莫問(위시위비인막문)
只應殘月曉星知(지응잔월효성지)

번역

님을 그리다 옷 젖지 않은 날이 없으니
꼭 춘산의 자규새와 같습니다.
옳다 그르다 남에게 묻지 마소서,
다만 새벽 달 새벽 별이 아옵니다.

감상

《고려사》에 다음과 같은 기록이 있습니다.

"鄭瓜亭(정과정)은 內侍郎中(내시랑중) 鄭叙(정서)가 지은 것이다. 그가 瓜亭(과정)이라 스스로 號(호)하였다. 연이어 외척과 혼인하여 仁宗(인종)에게 총애를 받았다. 의종이 즉위함에 미쳐서 그 고향 동래로 쫓겨 가게 되었다. 왕은 그에게 '오늘 나감은 조정 의론에 핍박된 것이다. 오래지 않아 곧 부를 것이다.'고 하였다. 그러나 서가 동래에서 오래 기다려도 부름이 없자 이에 거문고를 어루만지며 노래를 불렀는데 가사가 매우 슬펐다."

李齊賢(이제현)이 시를 지어 이 노래를 위와 같이 풀이하였습니다.

또 고려사 다른 기록에는 더 자세한 내용이 나옵니다만 생략하기로 하고 이 노래의 한글 기록을 보고 다시 풀이해 보겠습니다.

내 님을 그리워 우니다니	내 님을 그리워하여 울며 다니더니
산 접동새와 이슷하요이다.	산 접동새와 비슷하옵니다.
아니시며 그르치신 달 아으	(나에 대한 참소가 진실이) 아니며 그릇된 줄 아으
殘月曉星이 아라시리이다.	잔월효성이 아십니다.
넉시라도 님은 한 대 녀져라 아으	넋이라고 님은 한 곳에 가고파라. 아으
벼기더시니 뉘러시니잇가	우기시던 이 누구이십니까?
過도 허물도 千萬 없소이다.	과도 허물도 천만 업쇼ㅗ이다.
말힛 마리신뎌. 살웃브져 아으	뭇사람들의 헐뜯는 말입니다. 슬픕니다.
니미 나를 하마 니즈시니잇가?	님이 나를 벌써 잊으십니까?
아소 님하, 도람 드르샤 괴오소서.	마소서, 님이여. 돌이켜 들으셔서 사랑하소서.

이렇게 해 놓고 보니 이 노래가 향가의 십구체 잔영(殘影)이라는 주장이 상당히 일리가 있는 것 같습니다.

그렇다면 고려 중기까지 향가의 자취가 연면히 이어져 흘러왔다고 보아야겠지요. 하지만 그런 전문적인 논의는 접어두고 그저 감상만 합시다. 끝으로 정서에게 드리는 노래 한 수 불러 봅니다.

정서에게

님은 내 님만이 아니거늘
당신은 속으셨소.
산 접동새는 이 산에도 저산에도 있더이다.
그와 같은 신세 여기 저기 다 있더이다.

잔월효성은 모든 걸 알더이다.
당신의 억울함도 알고 님의 사정도 알더이다.
당신을 헐뜯는 그의 사정도 알더이다.
그도 그 나름으로 억울하고
님도 님대로 사정이 있더이다.

동래 깊은 산골
거문고 어루만짐이
상팔자임을 깨우치소서.

26

鄭知常정지상(? ~ 1135)의 시 1

정지상은 고려 일대를 통하여 가장 아름다운 시를 남긴 시인입니다. 그리하여 어떤 분은 정지상과 황진이, 그리고 김소월을 우리 민족 최고의 삼대 서정 시인이라 칭하였습니다. 그러나 불행하게도 정지상은 역적으로 몰려 죽었기에 그의 시가 얼마 남겨지지 않았습니다. 부스러기들도 모두 人口(인구)에 膾炙(회자)되어 오던 것을 주워 모은 것입니다. 그 가운데 대표적인 것이 아마 "送人(송인)"이 아닐까 합니다.

雨歇長堤草色多(우헐장제초색다)
送君南浦動悲歌(송군남포동비가)
大同江水何時盡(대동강수하시진)
別淚年年添綠波(별루년년첨록파)

번역

비 개인 긴 언덕에 풀빛 짙은데
님을 보내는 남포에는 슬픈 노래 퍼지네.
대동강 물은 언제나 다할까?
이별의 눈물 해마다 해마다 푸른 물결에 보태는데

감상

이 시를 두고 두고 絶唱(절창)이라 하는 이유는 소박하면서도 가장 절실한 감정을 여과 없이 그대로 표출한 점이 아닐까 합니다. 그러나 아깝게도 이 천재 시인은 김부식에 의해 역적으로 몰려 죽었습니다. 묘청의 서경 천도 운동에 연루된 것입니다. 근대의 걸출한 사학자 단재 신채호는 묘청의 "칭제 건원 서경 천도 운동"의 실패는 5000년 우리 역사상 가장 안타까운 일이었다고 평하였습니다. 정지상은 당시 개성에서 있었음에도 거기 내응하려 했다며 처형을 당했습니다. 세간에서는 김부식이 그의 詩才(시재)를 시기하여 죽였다고 하는 말이 많았습니다. 하지만 애초 묘청을 인종에게 소개한 사람이 바로 정지상이었다니 그렇게 억울하다고만 하지는 못할 것입니다.

27

鄭知常정지상(? ~ 1135)의 시 2

정지상의 시 한 편을 더 소개하고자 합니다. 임금을 호종하여 長源寺(장원사)에 갔다가 지은 시라고 합니다.

風送客帆雲片片(풍송객범운편편)
露凝宮瓦玉鱗鱗(노응궁와옥린린)
綠楊閉戶八九屋(녹양폐호팔구옥)
明月倚樓三兩人(명월의루삼양인)

번역

나그네 탄 배를 보내는데 구름은 조각 조각
이슬은 절 기와에 엉켜 옥처럼 번쩍 번쩍
푸른 버들에 문을 닫은 여덟 아홉 집
밝은 달밤 누각에 오른 두 세 사람.

감상

雲片片(운편편)에 玉鱗鱗(옥린린), 八九屋(팔구옥)에 三兩人(삼량인). 이게 그냥 말장난한 게 아니라 실지 모습을 그대로 그렸기에 더욱 아름다운 것이지요. 자 보세요. 배를 타고 장원사로 갑니다. 가면서 보니 하늘엔 구름이 조각 조각 떠 있습니다. 아주 맑은 하늘이지요. 이를 보며 장원사에 도착하였습니다. 절을 쳐다보니 이슬이 기와에 엉키어 번쩍 번쩍 빛나고 있습니다. 그 고풍스러움이 장관이지요. 거기서 내려다봅니다. 푸른 버들 우거진 곳에 문을 닫은 집 여덟 아홉이 보입니다. 그리고 누각에 오른 두 세 사람 일행이 여기 있는 겁니다. 아주 아름다운 정경을 그대로 읊고 있지 않습니까? 소박한 민요풍이라 할까요? 참으로 놀라운 詩才(시재)입니다.

그러나 그는 도리어 이 시재 때문에 김부식의 시기를 사 죽었다고 합니다. 〈〈고려사〉〉에는 "사람들이 말하기를 부식이 본디 지상과 더불어 이름을 나란히 하니 문자 상에 불평이 쌓였다. 이에 이르러 내응하였다고 얽어 그를 죽였다."고 하였습니다. 正史(정사)에 이렇게 기록한 걸 보면 확실히 사이가 좋지 못하여 해를 입었음은 사실인가 봅니다.

野史(야사)에는 더 재미있는 이야기가 있습니다. 이규보는 그의 시문 평론집 〈〈白雲小說(백운소설)〉〉에서 다음과 같은 이야기를 전하고 있습니다.

"時中(시중) 김부식과 學士(학사) 정지상은 한때에 이름을 나란히 하였다. 두 사람은 다투어 서로 용납하지를 못하였다. 세상에서 전하기를 '지상이

琳宮梵語罷(임궁범어파)　절에 불경 소리 그치니
天色淨琉璃(천색정유리)　하늘빛이 유리처럼 맑더라.

라는 시구를 가지고 있었는데 부식이 그것을 빼앗아 자기 작품으로 하고자 하였으나 지상이 끝내 허락하지 않았다. 뒤에 지상이 부식에게 죽임을 당하고 陰鬼(음귀)가 되었다. 부식이 어느 날 봄을 읊는 시에서

柳色千絲綠(유색천사록)　버들 빛 일천 실이 푸르고
桃花萬點紅(도화만점홍)　복숭아 꽃 만점이 붉다.

고 하였더니 홀연히 공중에서 정의 귀신이 나타나 부식의 뺨을 치면서 말하기를 '천사, 만점 네가 헤아려 보았는가? 왜

柳色絲絲綠(유색사사록)　버들 빛은 실실이 푸르고
桃花點點紅(도화점점홍)　복숭아꽃은 점점이 붉다.

고 하지 않으냐? 하니 부식이 마음으로 자못 미워하였다.

뒤에 부식이 어느 절에 갔다가 변소에 있는데 정의 귀신이 뒤에서 와서 그의 음낭을 쥐고 묻기를 '술도 마시지 않았는데 어찌 붉은가?' 하니 '부식이 저 건너 언덕 단풍이 비춰어 붉다.'라고 하였다. 정의 귀신이 더욱 음낭을 쥐고 '무슨 물건이 가죽 주머니냐?' 하니 부식이 '네 애비 주머니는 철이더냐?' 하면서 얼굴빛이 변하지 않았다. 정의 귀신이 음낭을 쥐고 더욱 힘을 주니 부식이 끝내 변소에서 죽었다."

물론 호사가들이 만들어 낸 이야기일 것이나 정지상의 詩才(사재)와 김부식의 그 간담의 큼을 잘 나타낸 일화라 하겠습니다. 결국 정이 시재는 김부

식보다 뛰어나다는 것을 말하면서도 그러나 그 인물의 크기에서는 김부식이 또한 한 수 위라는 것을 말하고 있습니다.

정지상을 애도한다.

재주가 뛰어나서 화를 당한 사람
많기야 하다마는
선생 또한 그 재주로 죽임까지 당하였다.

遷都(천도), 建元(건원), 稱帝(칭제).
높은 뜻은 묘청만의 뜻이었나?
웅건한 고구려를 잇자는 꿈이었지.
그 꿈이 이어져 고려가 서고
묘청의 가슴에도 용솟음치고
정지상의 가슴에도 들끓었더라.

남반부에 웅크리고 앉아
現實安住(현실안주), 新羅嫡統(신라적통), 尊華事大(존화사대).
김부식 무리들, 유약한 선비들
묘청을 죽이고 정지상을 죽이고

정지상 죽어도 詩才(시재)는 살아
김부식을 뺨 쳤다나.
그 재주, 그 기상이 이제토록 부럽다.

28

고려 속요 1

俗謠(속요)란 말 그대로 민중의 노래입니다. 오늘날로 말하면 유행가이지요. 고려 속요이니 고려 때 불리던 것입니다. 이 노래들이 구전되어 오다가 조선조에 와서 《樂章歌詞(악장가사)》에 비로소 정착하게 되었습니다. 이 악장가사에서는 고려와 조선초기까지의 노래 총 24편이 실려 있습니다. 이 밖에 《時用鄕樂譜(시용향악보)》에도 실려 있습니다. 여기는 악보도 함께 있어 음악 연구에 많은 도움을 줍니다.

오늘날도 그렇지만 옛날에도 유행가는 사랑을 노래한 것이 많습니다. 고려 속요도 속요라 사랑을 노래한 것이 많습니다. 그런데 조선조의 선비님들이 이 노래들을 취사선택하면서 "男女相悅之詞(남녀상열지사)"라 하여 많이 제하여 버리거나 혹은 약간씩 고쳤다고 봅니다. 그럼에도 상당부분 본 모습을 지니고 있어 우리의 공명을 받습니다. 먼저 정석가를 보겠습니다. 정석이란 말은 이 노래 처음에 나오는 "딩아 돌하"에서 그 음과 훈을 빌어 한자로 표기한 것입니다. 곧 鄭(정)은 딩이란 것이고 石(석)은 돌이란 것이지요. 그럼 원문을 봅시다.

鄭石歌(정석가)

딩아 돌하 當今(당금)에 계샹이다.	징(鉦)이여, 돌(磬)이여. 지금에 계시옵소서.
딩아 달하 當今(당금)에 계샹이다.	징이여, 돌이여, 지금에 계시옵소서.
先王聖代(선왕성대)에 노니ᄋᆞ와지이다.	선왕 성대에 노닐고 싶습니다.

삭삭기 셰물애 별해 나는	바삭바삭하는 가는 모래 벼랑에
삭삭기 셰몰애 별해 나는	바삭바삭하는 가는 모래 벼랑에
구운 밤 닷 되를 심고이다.	구운 밤 닷 되를 심습니다.
그 바미 우미 도다 삭 나거시아	그 밤이 움이 돋아 싹이 나거든

有德(유덕)ᄒᆞ신 님믈 여히ᄋᆞ와지이다.	有德ᄒᆞ신 님을 여의고 싶습니다.
玉(옥)으로 蓮(연)ㅅ고즐 사교이다.	玉으로 연꽃을 새깁니다.
玉(옥)으로 蓮(연)ㅅ고즐 사교이다.	옥으로 연꽃을 새깁니다.
바희 우희 接柱(접주)ᄒᆞ요이다.	바위 위에 접을 붙입니다.
그 고지 三同(삼동)이 퓌거시아	그 꽃이 세 동이 피어나가든
그 고지 三同(삼동)이 퓌거시아	그 꽃이 세 동이 피어나거든
有德(유덕)ᄒᆞ신 님 여히ᄋᆞ와지이다.	유덕ᄒᆞ신 님 여의고 싶습니다.
므쇠로 텰릭을 ᄆᆞᆯ아 나ᄂᆞᆫ	무쇠로 철릭을 말라서
므쇠로 텰릭을 ᄆᆞᆯ아 나ᄂᆞᆫ	무쇠로 철릭을 말라서
鐵絲(철사)로 주름 바고이다.	철사로 주름 박습니다.
鐵絲(철사)로 주름 바고이다.	철사로 주름 박습니다.
그 오시 다 헐어시아	그 옷이 다 헐어야만
그 오시 다 헐어시아	그 옷이 다 헐어야만
有德(유덕)ᄒᆞ신 님 여히ᄋᆞ와지이다.	유덕하신 님 여의고 싶습니다.
므쇠로 한쇼를 디어다가	무쇠로 큰 소를 지어다가
므쇠로 한쇼를 디어다가	무쇠로 큰 소를 지어다가
鐵樹山(철수산)에 노호이다.	무쇠 나무 산에다 놓겠습니다.
그 쇠 鐵草(철초)를 머거아	그 소가 무쇠 풀을 다 먹어야
그 쇠 鐵草(철초)를 머거아	그 소가 누쇠 물을 다 먹어야
有德(유덕)ᄒᆞ신 님 여히ᄋᆞ와지이다.	유덕하신 님 여의고 싶습니다.
구스리 바희예 디신ᄃᆞᆯ	구슬이 바위에 떨어진들
구스리 바희예 디신ᄃᆞᆯ	구슬이 바위에 떨어진들
긴힛ᄃᆞᆫ 그츠리잇가	끈이야 끊어지겠습니까?
즈믄 해ᄅᆞᆯ 외오곰 녀신ᄃᆞᆯ	천년을 외따로 살아간들
즈믄해를 외오곰 녀신ᄃᆞᆯ	천년을 외따로 살아간들
信(신)잇ᄃᆞᆫ 그츠리잇가	믿음이야 끊어지겠습니까?

이상 원문을 따라 현대어로 번역을 해 보았습니다만 여기서 님이 누구냐? 하는 문제가 대두됩니다. 님을 임금으로 볼 때 제1연의 선왕성대와 어울려 임금의 만수무강과 태평성대를 바라는 신하의 축가라고 볼 것입니다. 아마 이렇게 보아 《악장가사》와 《시용향악보》에 실리지 않았는가 여겨집니다.

그러나 이 노래가 어디까지나 속요이니만치 님을 연인으로 보아야 자연스러울 것 같습니다. 그 임과 떨어질 수 없다는 여인의 하소연이랄까?

끝 연은 같은 고려 속요의 "동동"에도 나오는데 아마 당시 이 연은 여러 노래에 두루 쓰이었다고 생각됩니다.

정석가에 빗대어 불러 봅니다.

신 정석가

님이여, 가십니까?
은행 카드는 두고 가시지요.
카드엔 다달이 꼭꼭 채워 주세요.
님을 여의어도 카드가 있어
나 서럽지 않습니다.
그래도
오시려거든 한밤에 오시옵소서.

29

고려 속요 2

청산별곡

살어리 살어리랏다.
청산에 살어리랏다.
멀위랑 다래랑 먹고
청산에 살어리랏다.
얄리 얄리 얄랑성 얄라리 얄라.

우러라 우러라 새여,
자고 니러 우러라 새여.
널라와 시름 한 나도
자고 니러 우니노라.
얄리 얄리 얄랑성 얄라리 얄라.

가던 새 가던 새 본다.
믈 아래 가던 새 본다.
잉무든 장글란 가지고
믈 아래 가던 새 본다.
얄리 얄리 얄알성 얄라리 얄라

이링공 뎌링공 ᄒᆞ야
나즈란 디내와손뎌
오리도 가리도 업슨
바므란 또 엇디 호리라.

얄리 얄리 얄랑성 얄라리 얄라

어디라 더디던 돌코
누리라 마치던 돌코
믜리도 괴리도 업시
마자서 우니노라.
얄리 얄리 얄랑성 얄라리 얄라

살어리 살어리 랏다.
ᄇᆞ래 살어리 랏다.
ᄂᆞᄆᆞ자기 구조개랑 먹고
ᄇᆞ래 살어리 랏다,
얄리 얄리 얄랑성 얄라리 얄라

가다가 가다가 드로라
에정지 가다가 드로라
사ᄉᆞ미 짐대예 올라셔
奚琴(해금)을 혀거를 드로라.
얄리 얄리 얄랑성 얄라리 얄라

가다니 배브른 도긔
설진 강수를 비조라
조롱곳 누로기 매와
잡사와니 내 엇디 ᄒᆞ리잇고
얄리 얄리 얄랑성 얄라리 얄라

감상

이상 전문을 실었습니다만 크게 어렵지 않아 별도로 해석은 하지 않았습니다.

다만 몇 곳의 단어를 풀이하여 이해에 도움을 드리겠습니다. 2연에서 "널라와 시름 한 나도"라고 하였는데 "너보다 시름(걱정) 많은 나도" 라는 뜻입니다. 끝의 "우니노라"는 울며 지낸다는 뜻입니다.

3연이 가장 난해하여 문제가 되는데 우선 "가던 새"가 무엇이냐는 것입니다. 이에 대하여 "갈던 사래"로 보는 견해가 가장 타당성이 있다고 합니다. 그래야 다음의 "잉무든 장글란 가지고"와 맞아진다는 것이지요. "잉무든 장글란"은 "이끼 묻은, 곧 녹이 슨 쟁기를" 이라는 뜻이랍니다. 그래서 녹이 슨 쟁기를 가지고 물 아래 지방의 사래 갈던 것을 보았느냐는 것이라 합니다. 원래 그곳에 살다 청산으로 왔으니 쟁기에 녹이 슨 것이라 합니다. 하지만 아무래도 좀 궁색한 해석이 되는 것 같습니다. 그러나 현재로선 가장 타당성 있는 해석이라니 달리 할 말은 없지요.

이 노래는 특히 1연과 5연이 가장 애송되는 것 같습니다. 1연은 예나 이제나 사람들의 마음에 말 그대로 청산에서 살고픈 마음이 있어서 공감을 일으키고 5연은 정말 세상 살다 보면 사랑할 사람도 미워할 사람도 없이 그냥 그렇게 사는데도 때론 억울하게 돌을 맞는 수가 하도 많으니까 그런 우리 심정을 대변해 주는 것 같아서 우리의 심금을 울리는 것 같습니다.

이 청산별곡을 빌어다 쓴 제 연변별곡을 한 번 들어 보세요.

연변별곡

살으리 살으리랐다.
연변에 살으리랐다.
많은 사람 떠나가도
연변에 살으리랐다.
얄리얄리 얄랑성 얄라리 얄라.

돈 벌어
돌아오시라
기다리며 살으리랐다.
얄리 얄리 얄랑성 얄라리 얄라.

30

고려 속요 3

가시리

가시리 가시리잇고 나는
ᄇᆞ리고 가사리잇고 나는
위 증즐가 大平盛代(대평성대)

날러는 엇디 살라 하고
ᄇᆞ리고 가시리잇고 나는
위 증즐가 大平盛代(대평성대)

잡ᄉᆞ와 두어리마ᄂᆞᆫ
선ᄒᆞ면 아니 올셰라.
위 증즐가 大平盛代(대평성대)

셜온 님 보내ᄋᆞᆸ노니 나는
가시는 ᄃᆞᆺ 도셔 오소서 나는
위 증즐가 大平盛代(대평성대)

감상

"나는"이나 "위 증즐가 大平盛代(태평성대)"는 다 餘音(여음)으로 뜻이 없이 그저 악기에 맞추기 위한 후렴구입니다.

아마 고려 속요 가운데 가장 애송되는 노래가 아닐까 합니다. 노래 자체도 아름답지만 양주동 박사의 유명한 〈가시리 평설〉이 있어 더욱 유명하여지지 않았나 여겨집니다. 저 역시 그 글을 읽고부터 〈가시리〉 애송자가 되었습니다. 그래 이 책 이름도 땄습니다. 저는 우리나라 시 가운데 가장 아름다운 시라 여깁니다.

참 아름답지요. 나를 두고 가시려는 님에 대한 원망과 다시 오기를 바람이 교묘하게 어우러져 여인의 심정을 나타내고 있지 않습니까? 나를 버려두고 가시는 님, 당신 한 사람만 믿고 사는 날더러는 어찌 살라 하고 매정스럽게 떠나는 님, 그 님을 억지로라도 붙들어 두고 싶지만 그러다가는 영영 님의 미움을 받을 것 같아 어쩔 수 없이 보내어 드립니다마는 가실 때 이렇게 빨리 가시는 것처럼 오실 때도 이렇게 빨리 와달라는 하소연이 우리의 마음을 울립니다. 그리고 양 박사님의 평처럼 그 구성이 아주 기막히게 起承轉結(기승전결)로 이루어져 한 치의 흐트러짐이 없습니다. 어찌 이리도 아름다운 시를 남기셨는지요? 절로 감탄이 나옵니다. 그리고 그런 가시리의 여인이 그립습니다.

가시리의 여인

가시리의 여인
당신은 어디에 계십니까?
캠퍼스에도 당신은 없고
종로 거리에도 당신은 없습니다.
두메산골에도 당신은 떠났습니다.
단 한 사람 당신만 계시다면
이 한 몸 활활 불태우련만
내 삶 송두리째 바치오련만
가시리의 여인은 영영 만나지 못하고
텅 빈 가슴에 으스스 찬 바람만 불어옵니다.

31

李仁老이인로(1152~1220)의 시 和歸去來辭화귀거래사

어느 나라 어느 사회나 마찬가지로 고려도 내우외환이 그칠 새가 없었습니다. 묘청의 난이 겨우 수습되자 곧 이어 정중부, 이의방 등의 이른바 "武臣亂(무신란)"이 일어났습니다. 곧 의종 24년(1170)에 일입니다. 문신들이 왕과 더불어 지나치게 주색에 탐닉하며 정사를 옳게 하지 못하는데다 무신을 너무 홀대하니 그만 무신들이 들고 일어나 왕을 죽이고 문신들을 모조리 죽이는 참사가 벌어진 것이지요. 이 바람에 문인들 대부분은 도망치지 않을 수가 없었습니다. 그 가운데 많은 문인들이 산으로 가 중이 되었습니다. 중이 되고파서가 아니라 살려고 승복을 입은 것이지요. 이인로 역시 잠시 중으로 있다가 난리가 좀 조용해지자 다시 돌아왔습니다. 이러는 가운데 그 불우하던 사람들끼리 모여 모임을 열었는데 이를 세상에서 흔히 "竹林高會(죽림고회)"라 불렀습니다. 옛날 중국 은자들의 모임이었던 "竹林七賢"에 빗대어 그렇게 불렀습니다. 그러니 일곱 사람이 모인 것이지요. 이인로를 위시하여 吳世才(오세제), 林椿(임춘), 趙通(조통), 黃甫沆(황보항), 咸淳(함순), 李湛之(이담지) 등 일곱 분이었습니다. 모두 한 때의 재사들이었지요. 이인로가 가장 나이도 많고 능력도 있어 대표격이었습니다. 또 나중이나마 벼슬한 사람도 이인로뿐이었습니다. 나머지 모두는 다 불우하게 살다 갔지요.

여기서는 이인로의 〈和歸去來辭(화귀거래사)〉 한 편을 조금 보겠습니다. 아시다시피 귀거래사는 진나라 도연명의 작입니다. 유명한 작품이지요. 우리나라에서도 《古文眞寶(고문진보)》에 실려 옛 선비들은 즐겨 읽고 더러 외우기도 하였습니다. 그렇게 참 아름답습니다. 그 도연명의 귀거래사에다 화운(和韻)을 한 것이기에 〈화귀거래사〉입니다. 어느 유명한 작품이 있으면 거기에 화운한 작품들을 많이 썼습니다.

辭(사), 혹은 賦(부)는 운문이면서도 깁니다. 이인로의 이 사는 우리나라에서는 辭(사) 작품의 효시라는 점에서 문학사에서는 높게 평가합니다. 그리하여 조선조에 우리나라 유명한 글을 모은 책 《東文選(동문선)》 제일 앞에 실렸습니다. 아래 그 辭(사)의 앞 부분 조금을 보겠습니다.

和擧去來辭(화거거래사)

歸去來兮(귀거래혜) 陶潛昔歸吾亦歸(도잠석귀오역귀)
得隍鹿而何喜(득황록이하희) 失塞馬而奚悲(실새마이해비)
蛾赴燭而不惡(아부촉이불오) 駒過隙而莫追(구과극이막추)
纔握手而相誓(재악수이상서) 未轉頭而皆非(미전두이개세)
摘殘菊而爲飡(적찬국이위손) 緝破荷而爲衣(즙파하이위의)

번역

돌아갈지어다. 도잠이 옛날 돌아갔거늘 나 또한 돌아가리라.
해자의 사슴을 얻은들 무엇이 기쁘며 변방의 말을 잃은들 무엇이 슬프리오?
나비는 촛불에 다다라도 깨닫지 못하고 망아지는 틈사이로 지나도 따르지 못하네.
겨우 손을 잡고서 서로 맹서하거만 머리 돌리기도 전에 모두 틀어지네.
시들은 국화를 따다 밥으로 삼고 헤어진 연잎을 모아 옷을 하도다.

감상

도잠은 진나라 사람으로 흔히 그의 字(자)를 불러 陶淵明(도연명)이라 합니다. 젊어 彭澤(팽택)이란 곳의 현령으로 벼슬살이를 하였습니다. 현령은 오늘날로 말하면 읍장쯤 될까? 그런데 그의 상관인 군수가 순시를 온다고 정장을 차리고 나와 맞으라 하니 연명이 보기에 하찮은 시골뜨기가 가소롭게 여겨져 그만 사직하고 고향으로 돌아가 버렸습니다. 가서 지은 노래가 바로 이 귀거래사입니다. 그 도연명을 본받아 자기도 돌아간다고 하였는데 기실 이인로는 사직하지도 못하고 돌아가지도 못하였습니다. 그저 말만 그렇게 한 것이지요. 그러기에 그의 이 辭(사)에는 진실성이 적어 도연명의 辭(사)같이 심금을 울리지는 못하는 것입니다. 그저 자기의 학식을 자랑하느라 用事(용사)가 많고 꾸밈이 많습니다. 여기 몇 구에서도 벌써 황록, 새마,

나비, 망아지 그리고 잔국, 하의 등 다 故事(고사)에 유래한 말들입니다. 번거로워 그 고사는 생략합니다. 이인로 자신은 이렇게 유식을 자랑삼아 썼지만 문학 작품으로서는 오히려 진실성을 없애는 구실을 만들고 만 것입니다. 이인로뿐이 아닙니다. 당시 많은 나약한 문인들은 이렇게 남의 본이나 받는 정도에 안주하고 있었습니다.

이런 당시의 나약한 문인들을 동정하여 봅니다.

이인로를 동정하며

무인들의 서슬에 산으로 도망하고
한 목숨 살리려 한때는 승복도 입고
그래도 당신은 미관말직이나마 얻었지요.
무관들 눈치 보며 한 평생 살다보니
기백은 사라지고 숙명처럼 나약함에
옛글이나 베끼며 흉내나 내고
그나마 그래도 당신은 대단하다 여겼지요.

32

吳世才 오세재의 시

죽림고회의 회원 가운데 오세재(1133~1187)가 가장 불우하였던 것 같습니다. 무신란에 완전히 몰락하였습니다. 한 치의 땅도 없었다고 합니다. 50세가 되어서 과거에 급제는 하였으나 등용되지는 못하였습니다. 하도 먹고 살기가 어려워 개경에서 버티지를 못하고 외가가 있는 동경(경주)로 가서 말년을 보내다 거기서 죽었습니다. 그리하여 경주의 역사를 기록한 《金鰲實記(금오실기)》에는 寓居(우거)의 인물로 제일 먼저 오세재가 나타납니다.

그는 이규보와 아주 친하였는데 그때 그의 나이 53세이고 이규보는 18세였다고 합니다. 그런데도 忘年之友(망년지우)가 되어 아주 친하게 지냈다고 하니 두 분의 인물됨을 가히 짐작할 것입니다. 그리하여 오세재가 죽자 이규보는 〈吳先生德全哀詞(오선생덕전애사)〉를 지어 추모하였다고 합니다. 그리고 "玄靜(현정)"이라는 시호를 드렸다고 합니다. 시호란 원래 나라에서 주는 것인데 이규보가 그를 아주 존경하기에 사사로이 바친 것이랍니다.

"病目(병목)"이란 시 한 편을 보겠습니다.

老與病相隨(노여병상수)
窮年一布衣(궁년일포의)
玄花多掩映(현화다엄영)
紫石少光輝(자석소광휘)
怯照燈前字(겁조등전자)
羞承雪後暉(수승설후휘)
待看金榜罷(대간금방파)
閉目坐忘機(폐목좌망기)

번역

늙음과 병이 서로 따르는데
해 마치도록 포의로구나.
현화는 자주 밝음을 가리우고
자석은 빛이 적구나.
등불 앞에서 글자 보기 겁이 나고
눈 온 뒤 빛을 받기 부끄럽다.
기다리다 금방 마침을 보고
눈 감고 앉아 세상을 잊으리.

감상

병든 눈을 한탄합니다만 실은 그 마음도 병이 들고 있습니다. 여기서 현화나 자석은 모두 눈을 말하고 있습니다. 눈에 병이 드니 밝음을 대하지 못하여 글자 보기 겁이 나고 빛을 대하기도 부끄러운 것입니다. 그럼에도 한 가닥 희망은 금방입니다. 그 결과를 보고 눈 감고 세상 잊겠다는 것입니다. 희망을 걸면서도 오히려 자포하는 듯한 모습입니다. 과연 그는 금방에 이름은 올렸습니다만 실지 벼슬은 하지 못하였습니다. 이인로가 적극 추천하였으나 되지 않았다고 합니다. 참으로 안타까운 노릇입니다. 흔히 불우하다고 하는 말을 쓰는데 이런 경우를 두고 하는 말인 것 같습니다.

玄靜(현정) 先生(선생)을 그리며

나 선생을 친애하나니
내 고향 경주로 오셨음이라.

나 선생을 존경하나니
아들 같은 친구를 두었음이라.

나 또한 동병상련, 동정하나니
가난에 빌어먹으러 외가로 갔음이라.

눈마저 흐릿하여 책도 옳게 못 보며
그래도 금방을 기다리는 가련한 신세

금방에 이름 올라도 끝내 벼슬은 못하니
아 불쌍한 선생, 현정 선생 오세재여,
동경 외가에서 탄식 소리만 드높았구나.

33

林椿임춘(?)의 시

죽림고회 7인 가운데 이인로를 제외한 나머지 6인은 모두 다 불우하게 지났다는 이야기는 앞에서도 하였습니다만 역설적으로 그러기에 문학으로의 성과는 더 올릴 수 있었다고 보는 이도 많습니다. 임춘 역시 그런 시인이라 할 수 있습니다. 무신란에 토지를 다 빼앗기고 5년간이나 쫓겨 다니다 겨우 살아 개경으로 돌아왔지만 송곳 하나 꽂을 땅도 없었습니다. 일찍 요절하니 이인로가 그의 유문을 모아 《西河先生集(서하선생집)》이라 이름하여 편찬하였는데 오늘까지 전합니다.

그러나 그렇게 궁하게 살아도 자부심만은 대단하여 다음과 같은 일화를 남기었습니다.

"임춘이 강남으로 피난 가서 거의 10년이나 살다 병든 아내를 데리고 서울로 돌아왔으나 송곳 하나 꽂을 땅도 없었다. 우연히 어느 쇄락한 절에 가 두건을 쓰고 오뚝이 앉아 시를 읊으니 중이 묻기를 '당신은 누구신데 이렇게 오만하시오?' 하였다. 이에 곧 28자를 썼다.

早把文章動帝京(조파문장동제경)
乾坤一介老書生(건곤일개로서생)
如今始覺空門味(여금시각공문미)
滿院無人識姓名(만원무인식성명)

번역

일찍이 문장으로 서울을 울리던
천지간에 한 노련한 서생일세.
이제 와 비로소 절의 맛을 깨달으나
온 집에 내 이름 아는 이 없구나.

여기서 "老"를 늙었다는 뜻으로 보면 좀 어색합니다. 연령이 많아 "老(로)"라고 한 게 아니라 "익숙하다." 또는 " 노련하다."는 뜻의 "老(로)"로 보아야 더 합당할 것입니다.

이렇게 오만하기도 하였습니다만 또 한편으로는 자기의 불우를 한탄하는 글을 남기기도 하였습니다. 〈與皇甫若水書(여황보약수서)〉, 황보 약수에게 준다는 글인데 약수는 황보항의 字(자)입니다. 皇甫沆(황보항)은 그와 같은 죽림칠현 중의 한 사람입니다.

> "저는 폐하고 몰락하여 세상에서 웃음거리가 되었습니다. 편벽한 마을에서 칩거하니 더욱 고루하여 학문은 보탬이 없고 도는 더욱 나아감이 없어 드디어 庸人(용인)이 되었습니다. 무릇 글을 지음에는 氣(기)로써 主(주)를 삼아야 하는데 자주 우환을 겪다보니 神志(신지)가 황폐하여져 흐릿한 진짜 한 노인이 되었습니다. 때때로 책을 읽으며 오직 우리 성인의 도리를 잊지 않으려 할 뿐입니다. 가령 만일에 다시 과거에 응해 합격하여 조정에 선다 하여도 저는 이미 늙었습니다. 하지 못합니다. 생각하는 바는 저희 집이 모두 문장으로써 당대에 이름이 있었는데 제가 만약 이렇게 떠돌다 유업을 잇지 못한다면 평생의 수치가 될 것입니다. 그러나 이에 이르렀으니 어찌 명이 아니겠습니까?"

참으로 눈물이 나오는 글입니다. 오늘도 이런 문인이 있겠지요. 평생 글을 써도 남들이 알아주지 않아 혼자 한탄하는 문인이 많을 겁니다. 자기의 무능이 아니라 그 시대 상황이 그렇게 만들어 그렇게 불행하게 살다 간 문인들이 과거에도 물론 많이 있었고 지금도 이 지구상에는 많이 있을 겁니다.

끝으로 그의 〈寄友人(기우인)〉 이라는 시를 보겠습니다. 한탄도 하지만 또 스스로 자부하는 내용이 합친 시입니다. 한탄과 자부, 이게 아마 그의 본 모습일 겁니다.

十年流落負生涯(십년류락부생애)
觸處那堪感物華(촉처나감감물화)
秋月春風詩准備(추월춘풍시준비)
旅愁羈思酒消磨(여수기사주소마)
縱無功業傳千古(총무공업전천고)
從教身世轉蹉跎(정교신세전차타)

번역

십년 동안 떠돌면서 생애를 저버렸으니
대하는 곳마다 어찌 만물의 화려함 감당하리?
가을 달, 봄 바람에 시를 마련하고
나그네 근심, 매인 생각 술로써 없애리라.
비록 천고에 전할 공업은 없으나
내 신세 굴러져도 그대로 두리라.

임춘을 동정한다.

재주를 가져도 알아주는 이 없어
절에서 혼자 오뚝히 앉아 자랑을 한다마는
세상은 매정한 곳, 그 자랑 들어주지를 않는다.
한 평생 가난에 아내마저 병들고
먹거리 찾아 떠도는 가련한 선비여
그래도 그 문장에 그 시는 남아
오늘도 가난한 선비에게 동정을 받고 용기를 줍니다.

34

李奎報이규보(1168~1241)의 동명왕 편

고려 일대를 통하여 가장 위대한 한 사람 문인을 뽑는다면 아무래도 이규보를 말하지 않을 수 없습니다. 그만큼 문학에서의 그의 위치가 큽니다. 그는 문학의 어느 한 장르에만 뛰어난 게 아니고 문학 전체 모든 장르에서 다 뛰어났습니다. 사, 부, 시, 등의 운문은 말할 나위 없고 요즘 말로 하면 수필, 평론, 그리고 소설이라고 할 假傳(가전) 작품에 이르기까지 두루 다 섭렵하였습니다. 참으로 대단한 작가요, 시인입니다. 게다가 그는 또 자기대로의 소신이 뚜렷하여 자기 길을 걸어 일가를 이루었습니다. 이 점에서 참으로 존경할 분입니다. 더러 비판하는 사람들은 최씨 무신 정권에 빌붙었다고 하지만 빌붙은 게 아니고 지성인으로서 그 시대 상황에서 국가를 위하여 최선의 길을 걸으며 봉사를 하였다고 보아야 합니다.

다음 보고자 하는 서사시 〈東明王篇(동명왕편)〉을 보더라도 그가 얼마나 자기대로의 의식이 철저히 서 있는 분인가를 알 수 있습니다. 〈동명왕편〉을 쓰기 앞서 다음과 같은 서문을 실었습니다.

> "세상에서는 많이들 동명왕의 神異(신이)한 일들을 얘기한다. 비록 어리석은 지아비나 어미라도 또한 다 능히 그 일을 말한다. 나도 처음 그 일을 듣고 웃으며 말하기를 '공자께서 괴상한 힘이나 어지러운 귀신(怪力亂神(괴력난신))에 대해서는 말하지 않는다. 고 하셨는데 이는 실로 황당하고 기괴한 일이라 우리들이 말할 거리가 아니다.' 고 하였다. 그러다 魏書(위서)의 通典(통전)을 읽으니 역시 그 일이 실려 있었다. 그러나 간략하고 상세하지는 않았다. 내국의 일은 상세히 하고 국외의 일은 간략히 함이 아니겠는가? 뒤에 계축년 4월에 《舊三國史(구삼국사)》를 얻어 동명왕 본기를 읽었는데 그 신이한 자취가 세상에서 말하는 것 이상이었다. 그러나 처음엔 믿지 못하고 鬼幻(귀환)이라고 생각하였다. 다시 두세 번 읽으며 점점 그 근원에 들어가니 幻(환)이 아니고 聖(성)이요, 鬼(귀)가

아니고 神(신)이었다. 하물며 國史(국사)란 直筆(직필)의 책인데 어찌 망령되게 이를 전하겠는가?

김부식이 국사를 다시 편찬하면서 이 역사를 약해버렸다. 생각하건데 그는 '국사는 세상을 바로잡는 책인데 크게 이상한 일은 후세에 보일 수 없다.'고 하여 약해버렸을 것이다. 당나라 玄宗(현종) 本紀(본기)의 양귀비전을 보면 方士(방사)가 하늘에 오르고 땅에 들어갔다는 말은 없다. 오직 시인 白樂天(백낙천)이 그 얘기가 없어질까 두려워 노래로 기록하였다. 실로 그것은 荒淫(황음)하며 奇誕(기탄)한 일인데도 오히려 이를 읊어 후세에게 보이었다. 하물며 동명왕의 일은 變化神異(변화신이)로써 뭇사람의 눈을 현혹시키는 게 아니고 실은 나라를 창업한 신령스러운 자취인데 이를 기술하지 않으면 후세에 무엇을 보겠는가? 이에 시를 지어 이를 기록하여 천하 사람으로 하여금 우리나라가 본디 성인의 나라임을 알게 하고자 한다."

이 얼마나 자기주장이 뚜렷합니까? 그리고 역사의식이 투철합니까? 그는 이러한 자의식을 가지고 역사를 보고 자기의 문학을 하였습니다.

그럼 본문으로 돌아가 〈동명왕편〉을 봅시다. 중간의 한 단락만을 보겠습니다. 처음 금와왕 밑에서 말 먹이던 때의 일입니다..

年至漸長大(년지점장대)
材能日漸備(재능일점비)
夫餘王太子(부여왕태자)
其心生妬忌(기심생투기)
乃言朱蒙者(내언주몽자)
此必非常士(차필비상사)
若不早自圖(약불조자도)
其患誠未已(기환성미이)

王命往牧馬(왕명왕목마)
欲以試厥志(욕이시궐지)
自思天之孫(자사천지손)
厮牧良可恥(시목양가치)
捫心常竊道(문심상절도)
吾生不如死(오생불여사)
意將往南土(의장왕남토)
立國立城市(입국입성시)

―――

번역

나이 점점 장대함에 이르고
재능 날로 점점 갖추어지니
부여왕의 태자
그 마음에 투기심이 생겨
이에 말하기를 주몽이란 자는
이놈 반드시 보통 놈이 아니니
만약 일찍 도모하지 않으면
그 우환 실로 그치지 않으리라.
왕이 명하여 가서 말을 먹이라 하니
이는 실로 그의 뜻을 시험해 보고자 함이라.
주몽이 스스로 생각하기를 하느님의 손자가
마구간에서 말이나 기르니 실로 부끄럽도다.
가슴을 어루만지며 늘 몰래 이르기를
내 삶은 죽음만 못하다.
생각하기를 장차 남쪽으로 내려가
나라를 세우고 성시를 세우리라.

감상

이러다 그는 끝내 남으로 내려가 그 뜻대로 나라를 세우고 성시를 열었습니다. 위대한 고구려의 탄생입니다. 지금도 중국의 길림성 환인현의 이른

바 오녀산성이란 데를 가면 졸본성, 그 옛날 주몽이 열었다는 그 성이 그대로 보존되어 있습니다. 그런데 이 건국신화를 그냥 황당한 이야기라 하여 없애버린 김부식에 비하여 이규보는 황당한 이야기가 아니라며 굳이 기록한 그 안목이 참으로 놀랍지 않습니까? 어느 나라 어느 민족에게나 그 건국 신화는 다 황당합니다. 그 황당한 가운데서 진리를 보는 눈, 이게 대단한 것입니다. 고구려의 건국신화에서 적어도 우리 민족이 천의 자손이라는 긍지, 그리고 스스로 입국하겠다는 그 자부심은 나라의 정신적 기둥이 되어야 하지 않겠습니까? 이런 정신적 기둥이 있었기에 고구려는 수나라, 당나라와의 그 치열한 다툼에서 살아날 수가 있었고 그 정신이 그래도 연면히 조금 고려에까지 이어져 거란이나 이어서 몽고에 대해서까지 나타난 게 아닐까요? 바로 그렇습니다. 어리석은 지아비 지어미에 이르기까지 자랑스러이 이야기하였다는 그 동명왕의 신화가 그런 민족 자부심을 갖고 그 자부심으로 하여 민족을 지킨 힘이 된 것이 아니겠습니까? 이 눈을 가진 이규보, 참으로 위대하다 할 것입니다.

讚東國李相國 奎報先生(찬동국이상국 규보선생)

진실로 크신 분을 뵈옵니다.
참으로 크신 그릇이셨습니다.
바른 눈에 건전한 의식에 깊은 哲理(철리),
거기에 따사로운 마음으로 민중을 돌아보고
막힘없는 붓으로 천지를 아우르고
높은 경륜으로 시대를 열어가고
거침없이 당당한 걸음 우뚝하셨습니다.
하늘도 복을 내려 천수를 누리셨습니다.
아, 크신 어른
우러러 흠모하며 존경과 찬사를 드립니다.

35

李承休이승휴(1224~1300)의 帝王韻紀제왕운기

집이 가난하면 어진 부인을 그리고 나라가 어지러우면 충성스러운 신하를 그리는 것은 어쩔 수 없는 상황에서 탈출해 보려는 기대 때문입니다. 그러므로 그런 때를 당하면 자연 그런 인물이 나타나는 건 어쩌면 당연한 이치인지도 모릅니다. 한 민족을 놓고 보면 민족이 위기를 당하여 어려운 때에는 반드시 민족의 영웅을 기리며 찾는 운동이 일어나게 마련이지요. 우리 민족을 두고 보더라도 민족이 어려움에 처할 때 국조 단군을 찾았습니다. 고려가 원에게 고통을 당할 때 삼국유사에 이어 제왕운기가 나왔습니다. 그리고 한말에는 단군을 기리며 찾는 운동이 무척 활발하였던 것입니다. 요즘 일본의 복고적인 행동을 보노라면 저 민족이 확실히 위기감을 느끼는구나 여겨져 웃음이 나옴을 금할 수가 없습니다.

제왕운기를 쓴 이승휴는 어려서부터 원의 지배를 받는 나라의 서러움을 겪으며 일평생을 살아온 인물입니다. 몽고족에게 당하는 그 치욕을 감내하며 살아야 하는 지식인의 고뇌를 우리는 우선 동정심을 가지고 대하여야 할 것입니다. 그리하여 그는 관리로서 자기가 할 수 있는 일은 다하였습니다만 저 거대한 몽고의 족쇄에서 풀려날 길은 더욱 보이지를 않았습니다. 이런 때 많은 지식인들은 실의에 빠집니다만 그는 단연 우뚝히 서서 민족의 역사를 다듬었습니다. 결코 오랑캐의 종이 될 수 없는 우리민족이 어쩌다 이렇게 되었느냐를 무언중에 꾸짖으며 우리 민족이 위대함을 나타내어 다시 한 번 더 그 찬란함을 찾기를 기대하는 것입니다.

제왕운기는 상 하 두 편으로 나누어지는데 상권은 주로 중국의 역사를 다루고 하권에서는 우리의 역사를 다루었습니다. 중국의 역사를 다룸은 우리 역사의 근거를 밝히려는 뜻도 있을 것이요 또한 나라를 잘 다스리는 근본 도리를 가르치고자 하는 뜻도 담겼을 것입니다. 그는 하권에서 우리의 역사가 그렇게 시시한 역사가 아님을 힘써 강조하며 자랑하는 논조를 펼쳤습니다. 은연중 몽고에 대한 자부심을 나타내는 것이라 하겠습니다. 몽고의 지배를 받는 세상에서 그 몽고를 뛰어넘는 역사를 펼침으로 오히려 몽고를 이기는 쾌감을 느끼게 하였습니다.

遼東別有一乾坤(요동별유일건곤)
斗與中朝區二分(두여중조구이분)
洪濤萬頃圍三面(홍도만경위삼면)
於北有陸連如絲(어북유륙연여사)
中方千里是朝鮮(중방천리시조선)
江山形勝名敷天(강산형승명부천)
耕田鑿井禮義家(경전착정예의가)
華人題作小中華(화인제작소중화)
初誰開國啓風雲(초수개국계풍운)
釋帝之孫名檀君(석제지손명단군)

번역

요하 동쪽에 한 땅이 따로 있으니
뚜렷이 중국과 조선 갈라져 나뉘었더라.
큰 파도 일만 평야 삼면을 둘러싸고
북으로 육지와 실같이 이어졌는데.
그 가운데 천리 여기가 조선이라.
강과 산 좋은 경치 그 이름 하늘에 펼쳤더라.
밭 갈고 우물 파 예의의 나라
중화사람 이름하여 소중화라 하였더라.
처음 누가 나라 열고 풍운을 열었던가?
하느님의 손자 단군이로다.

찬 이승휴

나라 잃은 설움 가슴에 안으시고
찾는 길 연구하며 역사를 보셨더라.
우리 역사 중화 역사에 버금간다.
몽고 오랑캐야, 물렀거라.
외치시는 그 말씀 사무칩니다.

36

益齋익제 李齊賢이제현(1287~1367)의 시

어떤 분인지 지금은 잊었으나 이런 말을 한 것을 기억합니다. "우리나라 5,000년 역사에서 가장 인격이 높은 분은 익제 이제현과 근대의 도산 안창호이다." 이 말이 어느 정도 사실인지는 모르나 확실히 익재가 큰 인물이었음은 사실인 것 같습니다. 정승을 세 번인가 하였으며 한때 왕이 몽고 황실에서 귀국하지 못하였을 때에는 왕을 대리하기도 하였습니다. 그런 정치적 측면에서뿐 아니라 그는 훌륭한 문학가이며 문학 평론가이고 또 위대한 교육가이십니다. 그의 문하에서 목은 이색과 포은 정몽주가 나온 사실만으로도 그의 자질을 알 수 있습니다.

문학자로서의 익재는 우리 문학사에서 커다란 족적을 남겼으니 바로 《小樂府(소악부)》를 창작한 일입니다. 소악부란 중국의 악부에 비하여 낮추어 한 말인데 우리나라의 악부를 이릅니다. 악부란 민간에서 불리던 노래인데 이를 악부란 관청에서 채집하여 기록하였으므로 그만 그런 노래 자체를 악부라 부르게 되었고 나중에는 시인이 이를 본떠 이런 종류의 노래를 짓기도 하였습니다.

익재가 말한 소악부는 당시 민간에서 불리던 노래를 문자화시킨 것입니다. 당시는 우리 문자가 없으므로 민간의 노래는 그냥 구전만 되고 있었는데 이를 익재가 채집하여 한문으로 번역을 한 것입니다. 그러니 구전되던 노래를 보존하고자 하는 의지가 강한 것이지요. 게다가 그 노래들의 가치를 인정한 것이지요. 높은 안목이라 할 것입니다. 지금 전하는 소악부는 익재의 문집에 11편, 그리고 민사평의 문집에 6편 모두 17편이 전합니다. 민사평은 익재의 뒤를 이어 지었다고 합니다. 영영 파묻혀 버렸을 고려 노래가 소악부를 통하여 살아난 경우가 많습니다. 소악부에 실린 작품 가운데에는 나중 훈민정음 창제 후 정착된 작품도 있지만 소악부에만 그 흔적이 남은 경우도 많습니다. 그러므로 소악부의 가치가 크지요.

먼저 소악부 작품 하나를 감상하겠습니다.

黃雀何方來去飛(황작하방래거비)
一年農事不曾知(일년농사부증지)
鰥翁獨自耕耘了(환옹독자경운료)
耗盡田中禾黍爲(모진전중화서위)

번역

참새야, 어디서 오가며 나느냐?
일 년 농사 모른 채하는구나.
늙은 홀아비 홀로 갈고 매고 하였는데
밭 가운데 벼와 기장 다 없애누나.

감상

일 년 농사 다 먹어치우는 얄미운 참새를 꾸짖는 내용입니다만 다른 한편으로는 홀아비 농부의 설움을 읊고도 있습니다. 또 참새를 탐관오리에 비유하였다고도 할 것입니다.

그 밖에 익재는 음률에 아주 밝아 원나라의 시인들과 시를 논함에 막힘이 없었다고 합니다. 그리하여 시는 물론 詞(사)와 악부 등 아주 음률이 까다로운 장르의 창작에도 원나라의 시인들에게 뒤지지 않았다고 합니다. 고려 충선왕이 원나라에 있을 때 "만권당"이란 요즘말로 하면 카페 같은 걸 열어 문사들과 교제를 즐기었는데 이때 익재는 원나라의 일류 시인들과 겨루어 문학을 논함에 거침이 없었다고 합니다. 그리고 익재는 그의 문학으로 나라를 지키는 일에 크게 이바지하였습니다. 한때 고려의 왕을 없애자는 논의가 벌어졌을 때 익재는 단연코 붓 한 자루로 그 부당함을 지적하고 호소하여 이를 막았다고 합니다. 또 익재는 비평문학가로서 자기대로의 눈을 가지고 시를 평론한 《역옹패설》 책을 내기도 하였습니다.

끝으로 익재의 한시 한 편을 보겠습니다.

紙被生寒佛燈暗(지피생한불등암)
沙彌一夜不鳴鍾(사미일야불명종)
應嗔宿客開門早(응진숙객개문조)
要看巖前雪壓松(요간암전설압송)

번역

얇은 이불에 추위 일고 절의 등불 어두운데
사미승은 온 밤 내내 종도 한 번 치질 않네.
응당 자던 손님 일찍 문 열었다고 성내겠지만
암자 앞 눈 덮인 소나무를 보고 싶어서였네.

감상

山中雪夜(산중설야)라는 시입니다. 그런데 우리는 이 시가 그저 그런 시인 것만 같은데 동인시화의 저자 서거정은 그 책에서 이 시를 극찬하여 "山家(산가)의 눈 오는 밤의 기이한 정취를 능히 그려내었다. 읽으면 사람으로 하여금 입 안에 상쾌한 이슬 기운이 생겨나게 한다." 하였고 또 최해라는 시인은 "익재의 평생 시법이 이 시에 다 있다."고 칭찬하였습니다.

찬 익재 이재현

참으로 크신 어른 우뚝하셔라.
몽고에 매인 나라 한 어깨로 떠받들고
겨우 겨우 지탱하느라 허덕이셨다.
충신의 삶 몸소 보이시고
그 틈에도 문학 활동 또한 나라 위함이라.
거룩한 뜻 제자에게 전수하니
죽어도 살아 고려 왕실 지키더라.
우러러 그 인격에 경배를 드립니다.

37

牧隱목은 李穡이색(1328~1396)의 시

목은 이색은 고려말의 충신이자 대학자이었습니다. 일찍이 아버지를 따라 원나라에 가서 공부를 하고 돌아와 14세에 성균관시에 급제하고 다시 원나라에 들어가 거기서 급제하였습니다. 벼슬이 올라 성균과 대사성 그리고 문하시중에까지 올랐으나 이성계 일파와 화합하지는 못하였습니다. 그러나 그는 그 성격이 포은 정몽주처럼 적극적이지 못하여서인가 포은 같이 죽임을 당하지는 않았습니다. 나중 의문의 죽음을 당하였다는 주장이 있습니다만 70세가 가까워 죽었으니 천수를 누렸다고 해도 되지요.

그의 한시 浮碧樓(부벽루)는 고금 절창이라 일컬어집니다. 감상하여 보겠습니다.

昨過永明寺(작과영명사)
暫登浮碧樓(잠등부벽루)
城空月一片(성공월일편)
石老雲千秋(석로운천추)
麟馬去不返(인마거불반)
天孫何處遊(천손하처유)
長嘯倚風磴(장소의풍등)
山青江自流(산청강자류)

번역

어재 영명사를 지나다가
잠깐 부벽루에 올랐더라.
성은 비었는데 달만 한 조각

돌은 늙었는데 구름은 천년
임금의 수레는 가고 아니오니
하늘의 손자 어디서 노니는고?
긴 파람 불면서 바람 부는 난간에 기대니
산은 푸르고 강은 제대로 흐르더라.

감상

참으로 아름다운 한 폭의 그림이라고 할까요? 한 편의 이야기라 할까요? 어려운 말 한 마디 없이 그대로 술술 지껄이듯 말하는데 그렇게 아름답습니다. 그러면서도 거기 감정이 스며있고 한숨의 역사가 깃들어 있습니다. 조선 중기 중국에서 온 사신이 이 시를 보고 너희 나라에도 이런 훌륭한 시가 있더냐고 놀랐다는 말이 결코 과장이 아닌 것 같습니다.

자 봅시다. 어제 영명사를 지나다가 잠깐 부벽루에 올랐습니다. 올라보니 성은 비었는데 달만 한 조각 떠 있습니다. 그 쓸쓸함이 가슴에 닿습니다. 그런데 거기 있는 돌을 보니 벌써 오랜 세월의 자취를 보여주는데 그 위에 또 구름이 흘러가고 있습니다. 그 구름은 이 돌과 더불어 아마 천년을 같이 지난 것 같습니다. 이들은 아래에서 쳐다보고 위에서 내려다보며 그렇게 오랜 세월 벗하였을 겁니다. 이 정경만 이렇게 아름다운 게 아니라 그 대귀를 보십시오. 城空(성공)에 石老(석로), 또 月一片(월인편)에 雲千秋(운천추). 얼마나 어울립니까? 이 정경을 보다가 거기 있었던 주인공들을 떠올립니다. 임금이 타던 수레는 가고 아니 오는데 그 천손들은 어디 가서 노니느냐는 것이지요? 고구려의 시조 왕 주몽은 천손이라 하였습니다. 나라 잃은 천손들의 처량함이 사람을 울립니다. 그런 비감에 젖어 난간에 기대어 보니 산은 산대로 푸르고 강은 강대로 흐르더라는 것입니다. 그 원통한 역사를 자연은 그대로 간직하면서도 모른 체 하는 것이 오히려 더 슬픔을 자아내는 것이지요. 참으로 절창이라 해야 하겠지요. 시가 이쯤 되면 귀신도 울린다는 말이 헛말이 아닐 것 같습니다.

38

圃隱포은 鄭夢周정몽주(1337~1392)의 시

우리는 흔히 정몽주하면 충신으로서의 정몽주만을 떠올리는데 그는 충신이기에 앞서 뛰어난 문학자였습니다. 먼저 선생의 그 재주를 나타내는 일화 하나를 소개하겠습니다. 선생 9세 때입니다. 한 계집종이 자기 남편에게 보낼 편지를 대필하여 달라고 빌었습니다. 아홉 살 도련님이 두 구를 적어 주었습니다.

雲聚散月盈虧(운취산월영휴)
妾心不移(첩심불이)

번역

구름은 모였다 흩어지고 달은 찼다가 기울어져도
제 마음은 움직이지 않습니다.

그런데 이 여종이 보고서는 너무 짧다고 불평을 하였습니다. 그랬더니 선생이 다시 편지를 뜯어 아래 두 구를 더 적어 주었습니다.

緘了却開添一語(함료각개첨일어)
世間多病是相思(세간다병시상사)

번역

봉하였다 다시 뜯어 한 말씀 보탭니다.
세상에 이런 병 많은데 상사라 하옵니다.

참으로 놀라운 재주이지요. 아홉 살 어린이가 어디서 이런 말이 나옵니까? 확실히 神童(신동)이라 할 것입니다. 우리는 선생의 시조 단심가를 잘 압니다. 이 시조가 하도 유명하기에 한문으로 번역이 되었습니다.

此身死了死了(화신사료사료) 一百番更死了(일백번갱사료)
白骨爲塵土(백골위진토) 魂魄有也無(혼백유야무)
向主一片心(향주일편심) 寧有改理也歟(녕유개리야여)

번역

이 몸이 죽고 죽어 일백번 고쳐 죽어
백골이 진토 되어 넋이라도 있고 없고
임 향한 일편단심이야 가실 줄이 있으랴?

끝으로 한시 한 편을 보겠습니다. 일본에 사신으로 갔다가 지은 시 11수 가운데 네 번째 한 수입니다.

平生南與北(평생남여북)
心事轉蹉跎(심사전차타)
故國西海岸(고국서해안)
孤舟天一涯(고주천일애)
梅窓春色早(매창춘색조)
板屋雨聲多(판옥우성다)

獨坐消長日(독좌소장일)
那堪苦憶家(나감고억가)

번역

평생 남으로 북으로
마음과 일 점점 어그러지는구나.
고국은 서해 언덕이요
외로운 배는 하늘 한 쪽에 있구나.
매화 핀 창가엔 봄빛이 이른데
판자 집엔 빗소리 시끄럽더라.
홀로 앉아 긴 날을 보낼 제
어찌 감당할거나 집 그리는 괴로움을.

贊 圃隱 先生(찬 포은 선생)

임 향한 一片丹心(일편단심)
善竹橋(선죽교)에 피어나서

나라는 망하여도
忠義(충의)는 빛나더라.

오늘도
그 정신 살아
이방원을 욕한다.

39

고려의 시조 1
易東역동 禹倬우탁(1257~1342)의 시조

시조는 고려 말에 정식으로 나타납니다. 그 전에 시조의 원형 같은 것은 있었으나 정식으로 형식을 갖춘 시조는 고려 말에 이르러서야 나타납니다. 그런데 이미 그 터전이 마련되어 있어서 그런지 나타나자마자 아주 뛰어난 작품들이 많습니다. 여기서는 우선 그 가운데 몇 편을 감상하여 보겠습니다.

한 손에 막대 들고 또 한 손에 가시 쥐고
늙는 길 가시로 막고 오는 백발 막대로 치려더니
백발이 제 먼저 알고 지름길로 오더라.

널리 애송되는 우탁의 백발가입니다. 禹倬(우탁)은 호를 易東(역동)이라 하며 고려 말 충숙왕 때 성균관 좨주를 지냈습니다. 동방 理學(리학)의 시조라 일컬어집니다. 지금 안동대학교 구내에 역동서원이 있으며 그 앞에 이 시조비가 세워져 있습니다. 이 시는 너무 쉬워 무슨 설명이 필요 없겠습니다만 정말 사노라니 늙음이 참으로 빨리 오는군요. 이 밖에 우탁은 또 하나의 시조를 지었는데 역시 백발을 한탄하는 내용이라 생략합니다.

40

고려의 시조 2
李兆年이조년(1269~1343)의 시조

梨花(이화)에 月白(월백)하고 銀漢(은한)은 三更(삼경)인 제
一枝春心(일지춘심)을 子規(자규)야 알랴마는
多情(다정)도 病(병)인 양 하여 잠 못 드러 ᄒᆞ노라

감상

이조년은 고려 말의 정치가로서 원나라에 여러 번 사신으로 가 외교를 펼쳤습니다. 정당문학, 예문관 대제학을 지냈으며 사후에는 文烈公(문열공)이란 시호를 받은 분입니다.

이 시조는 제가 아주 애송하는 시조 가운데 하나입니다.

정이 많기에 春心(춘심)에 괴로워하는 시인의 심정이 너무도 사실적으로 표현되어 우리의 심금을 울립니다.

정이 많은 시인은 누군가를 그리며 봄밤에 잠을 이루지 못합니다. 그리하여 부득이 누웠다 말고 자리에서 일어나 뜰로 나옵니다. 그랬더니 보세요. 배나무 꽃 하얗게 핀 위에 달이 한 조각 높이 떠 있습니다. 하얀 배꽃으로 말미암아 달이 더욱 밝은 것 같습니다. 더 자세히 보니 거기 은하수가 또 기울어져 있습니다. 삼경이 지난 것이지요. 그런데 그때 소쩍새가 웁니다. 이 울음이 더욱 사람을 심란하게 합니다. 물론 그 새가 시인의 한 가닥 춘심을 알고 우는 건 아니지만 마치 내 마음을 아는 듯 그렇게 울어줍니다. 곰곰 생각하면 잠을 못 잘 아무런 이유도 없는데 이렇게 잠을 못 잡니다. 무엇 때문일까? 생각하다 아, 이게 바로 "多情(다정)의 병이로구나." 깨닫습니다. 그런데 그 별 것 아닌 것 같은 다정의 병이 매우 깊어 잠을 못 이루고 이렇게 괴로워하는 것입니다. 이 병을 앓아본 사람만이 알 수 있는 병입니다.

41

고려의 시조 3
牧隱목은 李穡이색의 시조

白雪(백운)이 ᄌᆞᄌᆞ진 골에 구름이 머흐레라.
반가운 梅花(매화)는 어느 곳에 피었는고
석양의 호올노 서서 갈 곳 몰라 ᄒᆞ노라.

감상

백설이 자자지고 구름이 험악한 골은 분명 이성계 일파의 음흉한 계책이 세워지는 골이라 하겠습니다. 그 음흉한 조정입니다. 그래도 거기 포은 같은 충신, 매화는 반드시 피어 있으련만 찾지를 못합니다. 그리하여 마침내 기울어지는 석양에 홀로 서서 어찌해야 할지를 모릅니다. 여기 이 종장의 말이 이색의 한계를 드러낸다 하겠습니다. 왜냐하면 포은 같았으면 그 길이 이미 정하여져 있습니다. 일편단심입니다. 죽어도 고려 왕조와 더불어 함께 하겠다는 굳은 신념입니다. 그런데 아쉽게도 목은에게는 그런 의지가 없습니다. 갈 곳을 모른다고 하였습니다. 왜 모릅니까? 진정 충신이라면 그 길이 왜 안 보입니까? 여기 목은의 유약함이 있어 안타깝습니다. 그리하여 그는 정당하게 저항도 못하고 그렇다고 협조도 못하고 그야말로 석양에 홀로 서서 갈 곳을 모르고 헤매다 그렇게 생을 마감하였습니다.

목은 이색을 아파한다.

그 아까운 재주
그 뛰어난 문장
마음껏 다 펼치지를 못하고
운명인가?
운명도 개척해야 하거늘
공신도 못 되고 충신도 못 되고
우유부단 어정쩡
해는 지는데
갈 길 몰라 헤매었다.

42

고려의 시조 4
冶隱야은 吉再길재(1353~1419)의 시조

五百年(오백년) 都邑地(도읍지)를 匹馬(필마)로 돌아드니
山川(산천)은 依舊(의구)ᄒᆞ되 人傑(인걸)은 간 데 없다.
어즈버 太平烟月(태평연월)이 꿈이런가 ᄒᆞ노라.

감상

吉再(길재)는 고려 말에 門下註書(문하주서)라는 벼슬을 지낸 학자로 호는 冶隱(야은)입니다. 조선조가 들어서자 不事二君(부사이군)이라며 고향 금오로 낙향하여 후학을 길렀습니다. 몇 번 부름을 받았으나 나가지 않았습니다. 포은 목은과 더불어 麗末(여말) 三隱(삼은)으로 불립니다.

망해버린 고려에 대한 애틋한 정감이 표출되어 있어 우리의 심금을 울립니다. 500년이나 이어져 온 도읍지, 그 도읍지를 시인은 그래도 차마 못 잊어 홀로 말을 타고 찾아가봅니다. 人之常情(인지상정)이리라. 가보니 그 번성하던 도읍지. 자기 평생을 바쳤던 그 조정이 있던 곳, 그 곳이기에 가고파 몸부림치며 갔으나 이미 다 지난 일 산천만 그대로요, 거기 사람들은 다 어디론가 가버리고 텅 빈 곳이 되어 버린 것입니다. 그리하여 마침내 한탄을 하는 것입니다. 아, 지나간 태평연월 그게 꿈이었구나.

고려 말 대부분의 시조 작가들이 대개 다 그러하듯 길재 역시 한시에 아주 능하였습니다. 여기 참고로 길재의 한 시 한 수를 덧붙이겠습니다.

述志(술지)

臨溪茅屋獨閑居(임계모옥독한거)
月白風淸興有餘(월백풍청흥유여)
外客不來山鳥語(외객불래산조어)
移床竹塢臥看書(이상죽오와간서)

번역

뜻을 적다.

시냇가 오막살이 홀로 한가로이 사느니
달은 밝고 바람은 맑고 흥이 남아돈다.
손님은 오지 않아 산새와 더불어 얘기하고
대숲으로 평상 옮겨 누워 책을 본다.

찬 야은 선생

고려말 三隱(삼은)의 한 분
선산의 선비 야은 선생
고려 왕실 차마 못 잊고
새 왕조 같이하지 못하고
돌아와 대자리에 누우셨다.
의리와 실리 사이 갈등도 있으련만
초연히 은거하며 후학만 기르셨다.

43

고려의 시조 5
耘谷운곡 元天錫원천석(1330~ ?)의 시조

興亡(흥망)이 有數(유수)ᄒᆞ니 滿月臺(만월대)도 秋草(추초)로다.
五百年(오백년) 王業(왕업)이 牧笛(목적)에 부처시니
夕陽(석양)에 지나는 客(객)이 눈물 계워 ᄒᆞ노라.

元天錫(원천석)은 원주가 고향입니다. 고려 말의 학자이었으나 벼슬은 하지 않았다고 합니다. 나중 太宗(태종)이 된 이방원의 스승이었으므로 조선조 건국 후 크게 등용되는 길이 있었으나 거절하고 치악산 기슭에서 몸소 밭갈이하며 생을 마치었다고 합니다. 실은 이방원이 몸소 찾아갔으나 만나주지 않았다고 합니다. 고려에 대한 절의를 지키는 것이지요. 대단한 기개라 할 것입니다.

이 시조 역시 앞의 야은의 시조와 마찬가지로 망해버린 고려를 애달파 하며 읊고 있습니다. 앞의 시조가 그냥 그 모습을 그대로 그렸다면 이 시조는 그 망해버린 이유를 數(수)에 돌리고 있어 더욱 의연함을 나타냅니다. 흥하고 망함이 다 운수에 달렸으니 이 고려도 이렇게 망하였다는 겁니다.

찬 운곡 선생

태종의 스승이라 대단도 하시건만
원주 고향 돌아와 손수 밭갈이하셨다.
불러도 나가지 않으시고 그 절개 지키시니
이제껏 온 나라 우러러 숭앙하옵니다.

조선시대

44

龍飛御天歌 용비어천가

우리 역사 5000년에 가장 큰 일, 가장 위대한 일은 아마도 한글 창제가 아닐까 합니다. 세종대왕은 이 글자를 만드시고 아직 반포도 하기 전에 이미 이 용비어천가를 짓게 하셨습니다. 곧 鄭麟趾(정인지) 權踶(권제) 安止(안지)더러 이를 짓게 한 것입니다. 지은 원고를 보시고는 기뻐하시며 최항, 박팽년, 강희안, 신숙주 등에게 명하여 이에 주해를 달도록 하고 1447년에 완성하였다고 합니다.

용비어천가는 조선왕조의 詠史詩(영사시)입니다. 영사시란 역사를 읊은 시이지요. 세종대왕이 자기의 조상들이 세운 조선 왕조가 하늘의 도움으로 창업되었음을 말하려는 것이지요. 마치 옛날 중국의 창업주들과 같이 하늘의 도움으로 창업을 하였다는 것입니다. 아마 세종 당시에까지도 아직 새 왕조의 기틀이 깊지 않아 그 정통성에 이의를 달며 부정하려는 사람이 더러 있었던 모양인데 이에 우리 왕조는 하늘이 도와 창업한 것이 옛날 중국의 하나라나 은나라와 같았다는 사실을 백성들에게 알리자는 목적이었을 것입니다.

노래는 모두 125장으로 되어 있습니다. 제1장은 한 줄이고 그 다음부터는 모두 두 줄씩이며 마지막 125장은 세 줄로 되어 있습니다. 먼저 1장을 볼까요.

海東六龍(해동육룡)이 ᄂᆞᄅᆞ샤 일마다 天福(천복)이시니
古聖(고성)이 同符(동부)ᄒᆞ시니

감상

여기 해동은 물론 우리나라를 말합니다. 우리나라에 육룡이 나리셨다는 것입니다. 六龍(육룡)은 곧 세종의 조상 여섯 분을 말합니다. 아버지 태종

곧 창업을 도운 이방원, 할아버지 태조 곧 창업한 이성계, 그 위로는 사실 임금은 아닌데 나중 추존한 것이지요. 증조부 환조, 고조부 도조, 5대조 익조, 6대조 목조 등을 말합니다. 이들 6룡이 내려오니 그 하는 일마다 다 하늘에서 복을 주셨는데 마치 옛날 중국의 성인들과 같았다는 것입니다.

다음 2장에서는

불휘 기픈 남ᄀᆞᆫ ᄇᆞᄅᆞ매 아니 뮐ᄊᆡ 곶 됴코 여름 하ᄂᆞ니
ᄉᆡ미 기픈 므른 ᄀᆞᄆᆞ래 아니 그츨ᄊᆡ 내히 이러 바ᄅᆞ래 가ᄂᆞ니

라고 노래 불렀습니다. 곧 뿌리가 깊은 나무는 바람에 아니 흔들리고 꽃도 좋고 열매도 많다는 것입니다. 그리고 샘이 깊은 물은 가뭄에도 그치지 않고 강을 이루어 바다로 간다는 것입니다. 조선 왕조의 창업이 그렇게 튼튼하다는 것이지요.

보시다 시피 이 노래는 묘하게 대구를 이루어 읽기에 아주 재미가 있습니다. 사실 이는 그 이름 "용비어천가"가 말하듯 노래입니다. 실지로 與民樂(여민악)의 곡에 맞추어 불리어졌다고 합니다.

45

金宗瑞김종서(1383~1453) 장군의 시조

고려 말에 유행한 시조는 그대로 조선조로 이어집니다. 처음엔 길재 원천석 등 고려의 유신들이 그대로 조선조로 이어오며 작품을 남기다 뒤이어 맹사성 황희 등 순수 조선조의 선비들이 이어서 짓습니다. 많은 분의 시조 가운데 가려 뽑기가 쉽지 않은데 우선 "백두산 호랑이"로 불린 김종서 장군의 시조를 보겠습니다.

朔風(삭풍)은 나무 끗틔 불고 明月(명월)은 눈 속에 춘듸
萬里(만리) 邊城(변성)에 一長劍(일장검) 집고 서서
긴 프룸 큰 흔 소리에 거칠 거시 업세라.

감상

흔히 浩然之氣(호연지기)란 말을 씁니다만 이야말로 호연지기의 표본이라 할 만하지 않습니까? 저는 이 시조 때문에 김종서 장군을 무척이나 좋아합니다. 그 대장부다운 기개야 말로 참으로 사나이의 기상이 넘친다고 하겠습니다. 그 별명과 같이 백두산 호랑이의 기상을 지녔다 할 것입니다. 그러나 그는 수양대군에 의해 피살되고 만고의 역적으로 낙인이 찍혀 그의 자식들은 물론 지어는 아녀자들까지 모두 남의 집 종으로 끌려갔다고 하니 참으로 안타까운 일이 아닐 수 없습니다. 너무 잔혹하게 탄압을 하는 것이지요. 숙종 대에 이르러서인가 그를 신원하고 그의 자손을 찾으니 제주도에서 종살이를 하고 있더라고 하지 않습니까? 세종을 도와 백두산에서 국경을 든든히 한 공로가 얼마나 컸습니까? 그런데 단지 정적이라는 이유 하나 때문에 그렇게 무참하게도 탄압을 하였으니 참으로 잔혹하다 할 것입니다. 언젠가 충청도 어느 곳에 장군의 무덤이 있다기에 가다가 못 간 적이 있어 아직도 아쉬움이 남습니다.

김종서 장군을 사모헌다.

백두산 호랑이가 그리도 허망하게 가단 말가?
잔혹한 수양대군 정권에 눈이 어두워
호랑이만 잡았더냐? 사육신에 형제에다 조카까지 다 죽였다.

역사는 엄정한 심판이라.
도리어 잡힌 건 수양이요 한명회요, 신숙주라.
호랑이는 그대로 우리들 가슴에 살아
오늘도 백두산 정상에서 목놓아 포효한다.
겨레여, 그 통곡 듣는가?
"내 개척한 땅, 너희들 어쩌다 이 지경 만들었나?"

백두산 삭풍은 예대로 나무 끝에 불고
천지 명월은 그대로 눈 속에 차갑다.

46

사육신의 시조 1
成三問성삼문(1416~1456)의 시조

단종 복위 운동을 꾀하다 죽은 여섯 신하를 이른바 사육신이라 하지요. 성삼문, 박팽년, 유응부, 유성원, 하위지, 이개 등 여섯 충신입니다. 이들이 대부분 시조를 남겼습니다. 먼저 성삼문의 시조부터 보겠습니다.

首陽山(수양산) 바라보며 夷齊(이제)를 恨(한)ᄒᆞ노라
주려 죽을진들 採薇(채미)도 하는 것가
아모리 푸새에 것인들 긔 뉘 따해 낫더니.

감상

수양산은 백이와 숙제가 들어가 굶어 죽었다는 산입니다. 이 고사가 유명합니다. 백이와 숙제는 형제인데 서로 왕위를 양보하다 둘 다 그 나라를 떠났습니다. 나중 주나라에서 노인을 잘 섬긴다는 말을 듣고 그리로 찾아갔는데 마침 주나라 무왕은 은나라를 치러 가는 참이었습니다. 그래서 말고삐를 잡고 가지 말라고 간하였지만 무왕은 기어이 은나라를 정벌하고 말았습니다. 이에 그들은 주나라의 곡식 먹는 게 부끄럽다며 수양산에 들어가 고사리를 캐 먹다 죽었습니다. 그리하여 이들을 모두 다 의인이라 하는데 이에 대하여 시인은 주나라의 곡식을 안 먹으려면 주나라의 고사리도 먹지 말아야 할 게 아니냐는 것입니다. 백이, 숙제보다도 더 한 수 높은 수준을 노래한 것이라 할까요? 이 시조는 또 비슷한 그의 한시 〈夷齊廟(이제묘)〉가 있어 더 유명합니다.

當年叩馬敢言非(당년고마감언비)
忠義當當白日輝(충의당당백일휘)
草木亦霑周雨露(초목역점주우로)
愧君猶食首陽薇(괴군유식수양미)

번역

그때 말 잡고 감히 잘못을 말하니
충의는 당당하여 백일에 빛난다.
초목 또한 주나라 우로에 젖었거늘
부끄럽게도 오히려 그 수양산 고사리 자시다니.

성삼문의 시조는 또 한 수 더 전합니다. 역시 그의 충의를 노래한 것입니다.

이 몸이 주거져서 무엇이 될꼬 ᄒᆞ니
蓬萊山(봉래산) 第一峯(제일봉)에 落落長松(락락장송) 되야이셔
白雪(백설)이 滿乾坤(만건곤)할 제 獨也靑靑(독야청정)ᄒᆞ리라.

47

사육신의 시조 2
李塏이개(1417~1456)의 시조

房(방)안에 혓는 燭(촉)불 눌과 離別(이별)ᄒᆞ엿관대
것츠로 눈물 디고 속 타는 줄 모르는고
저 燭(촉) 불 날과 갓트여 속 타는 줄 모르도다.

감상

이개는 고려 말 목은 이색의 증손자라고 합니다. 재주가 뛰어나고 문재가 있어 일찍이 과거에 급제하고 벼슬을 하는 가운데 수양대군의 횡포를 만나 순국하였습니다. 성삼문, 하위지, 박팽년, 유응부, 유성원 등과 더불어 사육신의 한 사람이지요.

48

사육신의 시조 3
朴彭年박팽년의 시조

끝으로 박팽년의 시조를 보겠습니다. 두 수가 전하는데 둘 다 자기의 충절을 노래하고 있습니다만 하나만 보겠습니다.

가마귀 눈 비 마자 희는 듯 검노매라
夜光明月(야광명월)이야 밤인들 어두우랴
님 향한 一片丹心(일편단심)이야 변할 줄이 이시랴

찬 사육신

우러러 흠모합니다.
그 의연한 기상을
받들어 경배를 드립니다.
그 굳은 절개에

죽어도 오백 살, 아직도 살아
저희 가슴에 불을 지핍니다.
사나이
이렇게 살고 이렇게 죽는다고,

여러분이 계시기에
내 겨레 내 역사가 자랑스럽습니다.

이 밖에 유응부, 하위지의 시조가 있으나 생략합니다.

49

端宗단종(1441~1457)의 시 1

단종은 우리 역사상 가정 원통하고 애절한 왕이었습니다. 그는 아무런 잘못도 없이 그의 삼촌에 의하여 왕위를 빼앗기고 나중에는 저 강원도 영월까지 귀양을 갔다가 드디어는 그 삼촌에 의하여 개처럼 목 졸림을 당하여 죽었습니다. 이렇게 억울하고 원통한 일이 있을 수 있습니까? 이를 보면 하늘도 무심하다는 말이 실감 납니다. 권력이 어찌 그리도 귀한 것인지 수양대군은 그 권력을 위하여 많은 충신은 물론 끝내는 자기의 조카까지도 죽이는 패륜을 저질렀습니다. 세종대왕 같이 어진 임금님이 어찌 이런 패륜아를 두셨는지 참으로 아이러니입니다. 우리에게 가장 부끄러운 역사의 한 토막입니다.

다음의 시는 단종이 귀양 가서 지은 것입니다. 실로 우리의 가슴을 울리는 시입니다. 시는 우리를 이렇게 울리는 힘이 있습니다. 그리하여 옛날엔 시가 귀신도 감응케 한다고 하였습니다,

---

一自怨禽出帝宮(일자원금출제궁)
孤身隻影碧山中(고신척영벽산중)
假眠夜夜眠無假(가면야야안무가)
窮恨年年恨不窮(궁한년년한불궁)
聲斷曉岑殘月白(성단효잠잔월백)
血流春谷落花紅(혈류춘곡낙화홍)
天聾尙未聞哀訴(천농상미문애소)
何乃愁人耳獨聰(하내수인이독총)

번역

원통한 새 한번 궁궐을 벗어나니
외로운 몸 홑 그림자 푸른 산 가운데 있구나.
밤마다 잠을 빌고자 하나 잠은 오지 않고
해마다 한을 마치고자 하나 한은 마쳐지지 않고
소리 끊긴 새벽 멧부리엔 조각달만 밝고
피 흐르는 봄 계곡엔 낙화만 붉었더라.
하늘은 귀머거리 아직도 슬픈 하소연 못 듣는데
어찌하여 근심 많은 이사람 귀만 밝더냐?

———

감상

한 번 원통한 새가 궁궐로부터 쫓겨나니 외로운 몸 푸른 산에 갇히는 신세가 되었습니다. 정말 단종은 외로운 몸이었습니다. 신하 하나 따라갈 수가 없었고 왕비마저 같이 못 가게 따로 귀양 보냈습니다. 그 원통함 그 억울함, 거기에 그 설움이 어떠하였겠습니까? 밤마다 밤마다 잠을 못 이룹니다. 그래도 금년에는 하지만 해마다 해마다 그 한은 쌓이기만 할 뿐 그칠 줄을 모릅니다. 그리하여 잠 못 이루고 일어나 나와 보면 위에는 새벽달만 밝게 비추고 있고 아래로는 낙화만 흘러가고 있습니다. 자연은 무정하게도 변함이 없는 것이지요. 마침내 하늘을 우러러 탄식을 합니다. 하늘은 정녕 귀머거리인가? 그런데 정작 저 하늘은 저렇게 귀머거리인데 유독 내 귀만 밝아 저 子規(자규) 새 소리를 듣는가? 차라리 내 귀도 어두워 저 소리마저 들리지 않았으면 좋으련만 왜 밝아 저리도 애절히 들리는가 합니다. 참으로 눈물 흘리지 않고 못 읽을 시라고 하겠습니다.

50

端宗단종(1441~1457)의 시 2

자규 새에 얽힌 단종의 시가 또 하나 더 있습니다.

月白夜蜀魄啾(월백야촉귀추)
含愁精倚樓頭(함수정의루두)
爾啼悲我聞苦(이제비아문고)
無爾聲無我愁(무이성무아수)
寄語世上苦勞人(기어세상고로인)
愼莫登春三月子規啼明月樓(신막등춘삼월자규제명월루)

번역

달 밝은 밤 자규 새 슬피 우는데
슬픔을 머금고 난간에 기대었더라.
네 울음 슬퍼 내 듣기 괴로우니
네 소리 없다면 내 슬픔도 없으련만
세상 괴로운 사람들아, 내 말 들으시오.
춘 삼월 자규 새 우는 명월루에는 오르지 마소.

감상

아시다시피 자규 새는 촉백 새라고도 불리며 우리말로는 소쩍새라고도 합니다. 원통함을 머금고 피 울음을 운다는 새입니다. 그리하여 그 울음은 많은 사람들에게 슬픔을 자아내게 합니다. 슬픔이 많은 사람들은 차마 듣기 어려운 울음이지요. 마음 여린 단종도 차마 그 소리 참지 못하여 그 새보다 더 진한 피울음을 여기 토하고 있습니다. 그러나 끝내 그 울음은 아무도 들어주지 못하고 홀로 그렇게 서럽게 울다 갔습니다. 개처럼 목 매임을 당해 죽었다고 합니다. 참 불쌍한 임금. 그 어지신 할아버지 세종대왕은 무어라 하실까요? 정녕 죽은 자는 말이 없습니까?

단종을 아파한다.

무슨 업보이던가?
숙부에게 맞아 죽다니
聖君(성군)이신 할아버님 세종대왕
그 아들에 어찌 惡漢(악한) 수양이 있었던고?

영월 깊은 산골 명월은 비치는데
한 많은 그 가슴엔 두견새만 슬피 운다.

금지옥엽 귀하신 몸
개처럼 목매어 잡히시니
하늘은 있는가? 신도 죽었던가?

생각사록 내 가슴도 찢어진다.

51

王邦衍왕방연(?)의 시조

천만리 머나먼 길ᄒᆡ 고온 님 여의옵고
내 ᄆᆞ음 둘ᄃᆡ 업셔 냇ᄀᆞ의 안자시니
저 물도 ᄂᆡ은 ᄀᆞᆺᄒᆞ여 울어 밤길 녜놋다.

감상

참으로 아름다운 시조입니다. 이렇게 그 마음을 진솔히 잘 내타내면서 자연과 잘 어울리는 작품은 흔하지 않으리란 생각이 듭니다.

이 시조를 지은 작자 왕방연은 귀양 가는 단종을 영월로 모시고 간 금부도사였다고 합니다. 직책이 직책인지라 거역할 수 없어 가기는 가고 가서는 모시어 두고는 되돌아 와야만 하였습니다. 그러나 그 발걸음이 차마 떨어지지를 않았겠지요. 그래도 어쩔 수 없는 몸이라 돌아오는데 자꾸 자꾸 뒤돌아 보였을 겁니다. 그래 냇가에 퍼질러 앉았습니다. 그런데 그 냇물이 마치 내 마음을 아는 양 그도 울면서 흐르는 것입니다. 그래 그 냇물로부터 위로를 받는 걸까요? 저절로 이런 노래가 흥얼거려졌을 겁니다.

천만리 머나먼 길, 그렇습니다. 당시 서울에서 영월이란 천만리 머나만 길이었습니다. 아마 사흘 나흘 길이었을 겁니다. 그 머나먼 길에 사랑하는 님을 버려두고 오는 마음 얼마나 쓰라렸겠습니까? 그래 이런 노래가 저절로 나왔다고 여겨집니다. 왕방연은 이 시조 하나밖에 남기지 않은 순수 아마추어입니다. 그러므로 그의 가슴에서 우러나온 그대로를 읊었다고 하겠습니다. 그러니 더 진솔하여 우리의 심금을 울리는 것입니다. 이 시조를 읊으면 진정 노래가 마음을 정화시켜주는 구실을 한다는 문학효용론이 실감납니다. 그렇습니다 문학은 때로 우리의 심령을 맑고 아름답게 가꾸어 주는 순기능을 갖고 있습니다.

왕방연 시조에 화답하며

천만리 머나먼 길
고온 님 여윈 아픔

얼마나 울었으리
냇물도 따라 운다.

그 마음
온 세상 알고
오늘까지 읊는다.

52

申叔舟신숙주(1417~1475)의 시

단종을 위하여 목숨을 버린 사육신의 대표가 성삼문이라면 현실을 좇아 실리를 챙기며 세조를 옹위한 대표적인 신하가 신숙주라 하겠습니다. 다 같이 세종의 고명을 받았으나 신숙주는 오히려 정치적 안정을 위한다는 구실로 세조를 도왔습니다. 그리하여 흔히들 잘 변하는 사람을 일컬어 "숙주나물"이라며 욕하지요. 하지만 그로서는 그 나름으로 유약한 임금 대신에 강력한 리더십을 가진 군주가 들어서야 나라가 부강해진다는 명분을 내세웠겠지요. 이런 논란은 오늘날까지도 그대로 이어지는 문제라 생각합니다. 유약한 문민정부보다 강력한 군부 정권을 선호하며 옹호하는 세력이 많지요. 신숙주는 그로서는 그 명분에 따라 살았다고 하겠지요. 다음의 시를 보면 그의 기상도 대단하였음을 보여주고 있습니다.

虜中霜落塞垣寒(노중상락새원한)
鐵騎縱橫百里間(철기종횡백리간)
野戰未休天欲曉(야전미휴천욕효)
臥看星斗正蘭干(와간성두정란간)

번역

적지 가운데 서리 내리고 변방은 차가운데
무장하여 말 타고 이리 저리 백리를 달렸더라.
싸움은 끝나지 않았는데 날은 새려는지
누워서 북두칠성 난간 위에 바로섬을 본다.

감상

강원도 함길도 도찰사로 나갔다가 여진을 정벌하고 귀환할 때 막료를 불러 口號(구호)한 것이라 합니다. 장부다운 기상이 넘칩니다. 이 시를 보면 아마 그가 자기 일신의 영달만을 위하여 단종을 배반한 소인은 아니었던 것 같습니다. 게다가 그는 한갓 선비가 아니리 경륜 있는 외교관으로도 많은 공로를 세웠다고 합니다.

신숙주를 노래한다.

다같이 세종대왕 고명을 받고도
홀로 자기만의 길을 걸은
현명한 처신이여
숙주나물이면 어때?
맛있게만 먹으면 되지
오늘도
당신의 후예들은
국리민복 외치며 실리를 찾는다.

53

徐巨正서거정(1420~1488)의 시

서거정 역시 세조에 아부한 신하로 욕을 얻어먹는 사람입니다. 게다가 그는 26년이란 세월, 너무 오래 文衡(문형)을 잡아 후학으로부터 비판을 받았습니다. 문형을 잡는다는 것은 대제학의 직을 가진다는 말인데 대제학은 과거를 주관하기에 이르는 말입니다. 이 직을 그렇게 오래도록 가지니 科場(과장)이 가히 일인 독재가 되지요. 그리하여 급제자는 모두 그의 취향에 맞는 사람들로 뽑히기 마련이지요. 그러니 상대자들로부터 욕을 먹게 마련입니다. 사람이란 더구나 공직에 있는 사람은 물러날 때를 바로 알아야 하는 것입니다. 이를 모르고 오래 움켜쥐다 보면 반드시 부작용이 나오기 마련입니다. 그래 서거정도 이 노욕을 부리다 결국 욕을 많이 듣게 되었습니다. 더구나 김종직, 강희맹 등 그 직을 이을 쟁쟁한 인물들이 많았는데도 끝까지 노욕을 부린 겁니다. 그러나 그의 인물이 그러함에도 불구하고 그의 文才(문재), 詩才(시재)는 뛰어난다고 인정하지 않을 수 없습니다. 또한 시를 보는 안목이 높아서 《東人詩話(동인시화)》라는 시 비평서를 남겼습니다. 그의 시 한 편을 보겠습니다. "春日"이라 제목을 붙인 시입니다.

金入垂楊玉謝梅(금입수양옥사매)
小池春水碧於苔(소지춘수벽어태)
春愁春興誰深淺(춘수춘흥수심천)
燕子未來花未開(연자미래화미개)

번역

꾀꼬리 버드나무에 들어가니 매화에서 이슬이 사라지고
작은 연못 봄물은 이끼보다 더 푸르다.
봄날 근심 봄날 흥취 어느 것이 더 깊고 더 얕던가?
제비 오지 않고 꽃도 피지 않았네.

감상

이 시를 처음 대할 때 대뜸 첫 구의 "金入垂楊玉謝梅(금입수양옥사매)"가 무슨 말인지 몰라 당황하였습니다. 선생님께 묻자니 부끄러워 묻지도 못한 채 그냥 덮어 두었던 기억이 납니다. 오늘 다시 만나니 아마 이럴 것이란 생각이 드네요. 金(금)은 꾀꼬리를 두고 하는 말인 것 같습니다. 꾀꼬리는 흔히 黃鳥(황조)라고 불리지요. 그러니 金(금)이지요. 그리고 玉(옥)은 이슬을 두고 하는 말이 것 같습니다. 이슬방울이 옥같이 보이지요. 이렇게 꾀꼬리와 이슬을 금이라 옥이라 미화하였지요. 금과 옥, 아주 재미있게 표현하였습니다. 그러니 金(금)인 꾀꼬리가 버드나무에 들어가니 玉(옥)인 이슬은 벌써 다 사라졌다는 겁니다. 그리고 아래를 보니 연못의 봄물은 어찌나 맑은지 이끼보다도 더 푸르게 보입니다. 이렇게 그 정경을 그려 놓고 자기의 심회를 읊습니다.

봄날의 근심과 흥취 어느 것이 더 깊고 얕은가 묻습니다. 흔히 봄에는 갖가지 상념이 움틉니다. 그야말로 千思萬想(천사만상), 그 가운데 근심도 있고 흥취도 있습니다. 어느 게 더 깊고 얕은 지 잘 모릅니다. 그러고서 제비도 오지 않고 꽃도 피지 않았다고 끝을 맺습니다. 아직 찬란한 내일의 희망이 남았다는 겁니다. 그는 이렇게 아주 긍정적인 삶을 살았습니다. 많은 선비들이 불의한 세조의 처사에 분개할 때 그는 오히려 오로지 태평성대를 노래하며 높은 벼슬을 하고 자기 집안을 자랑하며 호의호식 잘 살았습니다. 그렇다고 크게 악행을 저지른 것도 아닙니다. 이 또한 하나의 처세술이겠지요.

위의 작은 시를 보고 너무 지나치게 그의 처세술까지 얘기하는 건 너무 비약하는 것인지는 모르겠습니다만 제 좁은 눈에는 그렇게 비치네요. 그러나 그저 단순히 이른 봄날의 정경을 잘 그린 시라고 하여도 좋겠습니다.

54

丁克仁 정극인(1401~1481)의 가사

정극인의 가사 〈賞春曲(상춘곡)〉은 우리니리 가사문학의 효시라 하여 주목을 받습니다만 과연 정극인의 작품인가 하는 논란은 있습니다. 정극인은 이외에도 〈불우헌가〉와 〈불우헌곡〉을 지었다고 하니 상춘곡도 그의 작품이 맞을 것 같다는 생각을 하여 봅니다. 아래에 〈상춘곡〉 작품을 보겠습니다.

상춘곡

紅塵(홍진)에 뭇친 분네 이애 生涯(생애) 엇더한고
옛사람 風流(풍류)랄 미칠가 못 미칠가
天地間(천지간) 男子(남자) 몸이 나만한 이 많건마는
山林(산림)에 묻혀 있어 至樂(지락)을 마랄건가
數間茅屋(수간모옥)을 碧溪水(벽계수) 알패 두고
松竹(송재) 鬱鬱裏(울울리)에 風月主人(풍월주인) 되어셔라

엇그제 겨울 지나 새봄이 도라오니
桃花(도화) 杏花(행화)난 夕陽裏(석양리)에 피여 잇고
綠楊芳草(옥양방초)난 細雨中(세우중)에 프르도다.
칼로 마라낸가 붓으로 그려낸가
造化神功(조화신공)이 物物(물물)마다 헌사롭다.
수풀에 우난 새는 춘기를 못내겨워
소리마다 嬌態(교태)로다.

物我一體(물아일체)어니 興(흥)이야 다랄손가
柴扉(시비)에 거러보고 亭子(정자)에 안자보니

逍遙吟詠(소요음영)하야
山日(산일)이 寂寂(적적)ᄒᆞ다.
閑中眞味(한중진미)랄 알 니 업시 호재로다.

이바 니웃들아 산수 구경 가자스라.
踏靑(답청)은 오늘 하고 浴沂(욕기)난 내일 하세
아침에 採山(채산)하고 저녁에 낙시하세
갓 괴어 닉은 술을 葛巾(갈건)으로 걸러 노코
꼿나모 가지 것거
수노코 머그리라.
和風(화풍)이 건듯 불어 綠水(녹수)랄 건너오니
淸香(청향)은 잔에 지고 落紅(낙홍)은 옷새 진다.
樽中(준중)이 뷔엿거든 날더러 아뢰어라.

小童(소동) 아이더러 酒家(주가)에 술을 물어
어른은 막대 짚고 아이는 술을 메고
微吟緩步(미음완보)하야 시냇가에 혼자 안자
明沙(명사) 깨끗한 물에 잔 씻어 부어 들고
淸流(청류)랄 구버보니 떠오나니 桃花(도화)로다.
武陵(무릉)이 가갑도다 저 뫼이 그거신가
松間(송간) 細路(세로)에 진달래를 붙들고
봉우리에 급히 올라 구름 속에 안자보니
千村萬落(천촌만락)이 곳곳에 버려있네.

煙霞日輝(연하일휘)는 비단을 펼쳐 놓은 듯
엇그제 검은 들이 봄빛도 유여하구나.
功名(공명)도 날 꺼리고 富貴(부귀)도 날 꺼리니
淸風明月(청풍명월) 외에 엇던 벗이 잇사올고
簞瓢陋巷(단표누항)에 헛된 생각 아니하니
아모타 百年行樂(백년행락)이 이만한들 엇지하리.

———

감상

序辭(서사)와 結辭(결사)가 조리 있게 펼쳐져 있고 그 가운데 春景(춘경)과 閑中眞味(한중진미), 踏青(답청) 浴沂(욕기)에의 권유, 거기에 風流(풍류), 自足(자족)의 심회를 읊고 있습니다. 구성이 치밀합니다. 가사의 첫 작품으로서 아주 모범을 보인다 하겠습니다.

그런데 정극인 시대라 보면 쓰인 말들이 많이 세련되어 있다는 감이 많습니다. 그래서 아마 작자에 대한 이론이 있는 것 같습니다만 후대의 傳寫者(전사자)가 자기 시대의 어법이나 표기법이나 혹은 실용어로 쓰다보면 자연 加筆(가필) 혹은 개작되는 수도 있으므로 이걸 가지고 원 작자 자체를 의심하기에는 좀 문제가 있는 것 같습니다. 그러므로 아직까지는 이 가사를 우리나라 歌辭文學(가사문학)의 효시라 하겠습니다.

55

俛仰亭면앙정 宋純송순(1493~1582)의 가사

俛仰亭(면앙정) 宋純(송순)은 우리나라 江湖歌道(강호가도)를 수립한 선구자로 일컬어지고 있습니다. 일찍이 벼슬에 나아가 右參贊(우참찬)에까지 올랐으나 그만두고 향리로 돌아와 면앙정을 짓고 노닐며 가사와 많은 시조를 남겼습니다. 정철에게 가사의 길을 열어주었다고 해야 할 것 같습니다. 그의 대표작이라 할 면앙정가를 보겠습니다. 길어서 앞 부분 조금만 보겠습니다..

无等山(천등산) ᄒᆞᆫ 활기 뫼히 東(동)다히로 버더 이셔 멀리 때쳐와 霽月峰(제월봉)이 되어거ᄂᆞᆯ 무변대야의 무ᄉᆞᆷ 짐작 ᄒᆞ누라 닐곱 구배 ᄒᆞᆫ대 움쳐 문득문득 버려ᄂᆞᆫᄃᆞᆺ 가온대 구비ᄂᆞᆫ 굼긔 든 늘근 농이선ᄌᆞᆷ을 ᄀᆞᆺ 깨야 머리ᄅᆞᆯ 안쳐시니 녀ᄅᆞ 바희 우해 松竹(송죽)을 헤혀고 亭子(정자)ᄅᆞᆯ 안쳐시니 구름 탄 青鶴(청학)이 千里(천리)를 가리라 두 ᄂᆞ래 버렸ᄂᆞᆫ 닷.
玉泉山(옥천산) 龍泉山(용천산) ᄂᆞ린 물히 亭子(정자) 압 너븐 들해 올올히 펴진 드시 넙거든 기노라 푸르거든 희지마나. 雙龍(상룡)이 뒤트ᄂᆞᆫ ᄃᆞᆺ 긴 깁을 재폇ᄂᆞᆫ ᄃᆞᆺ 어드러로 가노라 므ᄉᆞᆷ 일 배얏바 ᄃᆞᆮᄂᆞᆫ ᄃᆞᆺ 따르ᄂᆞᆫ ᄃᆞᆺ 밤ᄂᆞᆽ즈로 흐르ᄂᆞᆫ ᄃᆞᆺ

감상

면앙정이 있는 산 제월봉과 거기 앉은 면앙정의 생김새를 노래하고 있습니다. 그리고 그 아래에는 면앙정 앞을 흐르는 시냇물을 노래하고 있습니다.

이어서는 그 시냇가 갈대 밭 위로 날아다니는 기러기를 노래하고 다시 산봉우리를 노래하며 다음 그 경치를 봄 여름 가을 겨울에 걸쳐 다 그리었습니다. 이어 그 좋은 가운데서 노니는 작자의 풍류를 자랑하면서 이는 다 임금의 은혜라고 끝을 맺습니다. 그 구성이 아주 완벽합니다. 이런 구성이 나중 송강이 사미인곡을 쓰는데 도움을 주었다고 생각됩니다. 사미인곡 역시 춘하추동 사 계절을 그리고 있지 않습니까? 면앙정도 그렇고 송강도 그렇습니다만 그 선비님들이 어떻게 이렇게 우리 노래를 지었는지 참 돋보입니다. 우리의 歌辭(가사)문학은 이들에 의해서 활짝 꽃피고 그 후대로 오면서는 오히려 쇠퇴하였으니 안타깝습니다.

찬 면앙정

우참찬의 높은 벼슬 그만두고
돌아와 산림에 묻힌 처세
참 선비의 길 열었어라
면앙정 지어놓고 면앙정 노래 불러
송강에게 가사의 길 열어주고
아깝다.
송강은
그 가사만 배우고 그 처세는
못배웠구나.

56

花潭화담 徐敬德서경덕(1488~1546)의 시조

화담은 퇴계와 더불어 성리학의 대가라 일컬어집니다. 그러나 퇴계처럼 저술을 별로 남기지 않아 그 학문의 깊이를 가늠하기가 어렵다고 합니다. 그 깊은 학문 외에도 역시 퇴계처럼 문학작품을 남겼습니다만 이 역시 퇴계처럼 많이 남기지는 않았습니다. 그 가운데 다음의 시조는 인구에 많이 회자되는 시조입니다.

마음이 어린 후니 하는 일이 다 어리다.
萬重 雲山(만중 운산)에 어느 님 오리마는
지는 잎 부는 바람에 행여 귄가 하노라.

감상

흔히 황진이를 그리며 지었다고 합니다. 그 깊은 학문의 경지에 다다른 선비 학자에게 이런 섬세한 감정이 있다는 게 참 신비스럽습니다. 어쩌면 그러기에 더 위대하신지 모르겠습니다. 그런 의미에서 다음의 이야기는 더 설득력이 있지 않나 싶습니다.

황진이가 십년 면벽(面壁)의 수도승 知足禪師(지족선사)를 꾀이어 파계하게 하고는 이번엔 화담을 꾀이러 갔다고 합니다. 가서는 갖은 애교를 다 떨어도 화담이 끝내 넘어가지 않자 그냥 돌아오는데 화담이 시를 지어 보냈답니다. 이르기를

———

心逐紅粧去(심축홍장거)
身空徒倚門(신공도의문)

———

번역

마음은 미녀를 쫓아 보냈건만
몸은 쓸쓸히 문에 기대섰네.

하였습니다. 이 얼마나 솔직한 인간적인 고백입니까? 그 고결한 마음이 미녀를 결국 쫓기는 하였지만 그렇게 하기까지 그 몸이야 얼마나 고달팠겠습니까? 그리하여 하릴없이 문에 기대어 미녀가 가는 뒷모습을 보는 겁니다. 참 인간적인 솔직한 자기 표현이지요.

자 그런데 이에 화답하는 황진이의 재치를 보세요. 참 기막힙니다.

———

驢嗔疑我重(노신의아중)
添載一人魂(첨재일인혼)

———

번역

나귀가 성을 내기에 내 몸이 무거운가 여겼더니
한 사람의 혼을 더 싣고 가느라 그랬구먼.

57

화담 서경덕의 시

그의 시 한 편을 보겠습니다. 〈有物〉이란 시입니다.

有物來來不盡來(유물래래부진래)
來纔盡處又從來(내재진처우종래)
來來本自來無始(내래본자래무시)
爲問君初何所來(위문군초하소대)

有物歸歸不盡歸(유물귀귀부진귀)
歸纔盡處未盡歸(귀재진처미진귀)
歸歸到底歸無了(귀귀도저귀무료)
爲問君從何所歸(위문군종하소귀)

번역

物(물)이 있어 오고 와도 다 오지 못하고
겨우 다 온 곳인데도 또 좇아오니
오고 옴은 본래 스스로 와 시작이 없었다.
그대에게 물어보자. 어디로부터 왔는가?

物(물)이 있어 돌아가고 돌아가도 다 돌아가지 못하고
겨우 다 돌아온 곳인데도 돌아감은 마치지 않으니
돌아가고 돌아감은 끝내 마치지 않는다.
그대에게 물어보자. 어느 곳으로 돌아가는가?

감상

참으로 화담다운 철학자의 시라고 하겠습니다. 그렇습니다. 이 세상 만물, 오고 와도 끝이 없고 돌아가고 돌아가도 끝이 없습니다. 그 오고 돌아가는 사이에 있는 우리도 와서 또 갑니다. 그러나 어디로부터 왔는지 어디로 돌아가는지 아무도 모릅니다. 여기 인간의 실존이 적나라하게 들어납니다. 어디로부터 와서 어디로 가는지도 모르는 이 인간이 참 가엽게 느껴집니다.

한 편 더 보겠습니다. 정상적인 작품입니다.

讀書當日志經綸(독서당일지경륜)
晩歲還甘顔氏貧(만세환감안씨빈)
富貴有爭難下手(부귀유쟁난하수)
林泉無禁可安身(임천무금가안신)
採山釣水堪充復(재산조수감충복)
詠月吟風足暢神(영월음풍족창신)
學到不疑知快活(학도불의지쾌활)
免敎虛作百年人(면교허작백년인)

번역

책 읽던 그때는 경륜에 뜻을 두었더니
늙은 오늘에는 도리어 안회의 가난을 즐기네.
부귀는 다툼이 있어 손쓰기 어려우나
자연은 금하는 이 없으니 몸을 편안히 하네.
산나물 캐고 낚시하여 배를 채우고
달을 읊고 바람을 노래하니 족히 정신이 맑아지네.
학문은 의심하지 않음에 이르러 쾌활하니
헛되이 평생을 살았음은 면하였네.

감상

솔직한 심회의 표현이라 하겠습니다. 옛날에는 세상 경륜에 뜻을 두었으나 이제는 도리어 안회의 가난을 즐긴다고 하였습니다. 그래 부귀는 멀리 갔지만 자연은 금하는 없으니 이를 즐기는 것입니다. 그리하여 나물 캐고 고기 잡고 음풍 영월합니다. 그 가운데 정신이 맑아짐을 느낍니다. 그러면서도 내 학문이 불의의 경지에 다다랐으니 내 삶이 헛되지는 않았다 자부합니다. 이 자부가 대단한 겁니다.

화담 선생을 그린다.

화담 깊은 경지 인간을 초월하니
妖妓(요기) 황진이도 두 손 들고 쫓겨 갔다.
얼마나 닦으면 그 지경에 다다를까?
오고 가는 오묘한 진리 깨달으신 님
우러러 까마득한 그 자리
차라리 쳐다보지 말리라.

58

魚無迹어무적(?)의 시

어무적은 그 아버지는 사대부였으나 그 어머니가 천한 탓에 김해의 官奴(관노)가 되었다고 합니다. 하도 재주가 뛰어나 시를 잘 쓰므로 면천(免賤)을 하였는데 그 고을의 원님이 너무 탐학하므로 이를 기롱하는 시를 썼더니 원님이 잡으려 하므로 다른 군으로 도망갔다가 거기서 죽었다고 합니다. 참 어두운 세월이었지요. 종은 종으로밖에 살 수 없는 사회제도였습니다. 거기서 벗어나려면 더없는 고통이 따르지요. 어무적 역시 그 멍에를 벗으려다 도리어 그 멍에에 눌리어 죽었다고 보아야 할 것입니다. 다음의 시는 참 가슴 아픈 시입니다. 그러나 당시의 상황을 더없이 자세히 읊고 있습니다.

流民嘆(유민탄)

蒼生難蒼生難(창생난창생난)　年貧爾无食(연빈이무식)
我有濟爾心(아유제미심)　而无濟爾力(이무제미력)
蒼生苦蒼生苦(창생고창생고)　天寒爾无衾(천한미무금)
被有濟爾力(피유제미력)　而无濟爾心(이무제미심)
願回小人腸(원회소인장)　暫爲君子慮(잠위군자려)
暫借君子耳(잠차군자이)　願聽小民語(원청소민어)
小民有語君不知(소민유어군부지)　今世蒼生皆失所(금세창생개실소)
北闕雖下憂民詔(북궐수하우민조)　州縣傳看一虛紙(주현전간일처지)
特遣京官問民瘼(특견경관문민유)　馹騎日馳三百里(일기일치삼백리)
吾民無力出門限(오민무력출문한)　何暇而陳心內事(하가이진심내사)
縱使一郡一京官(종사일군일경관)　京官无耳民无口(경관무이민무구)
不如喚起汲長孺(불여환기급장유)　未死孑遺猶可救(미사혈유유가구)

번역

창생의 어려움이여. 창생의 어려움이여
금년은 가난한데 너는 먹을거리가 없구나.

나는 너를 구제할 마음은 있는데
구제할 힘이 없구나.

창생의 괴로움이여, 창생의 괴로움이여.
날씨는 차가운데 너는 이불이 없구나.

그는 너를 구제할 힘은 있는데
너를 구제할 마음이 없구나.

원하건대 소인의 창자를 바꾸어
잠깐 군자의 생각으로 한다면

잠깐 군자의 귀를 빌어
원하건대 소민의 말을 듣는다면

소민은 말이 있으나 임금은 모르시니
오늘의 창생들 다 자리를 잃었도다.

북궐에서는 비록 백성을 걱정하는 조서를 내리나
지방에 전하여져도 하나의 빈 종이로 보도다.

특별히 서울의 벼슬아치 백성의 근심을 묻고자 보내어
말은 하루에 300리를 달려와도

우리 백성 힘이 없어 문 밖을 못 나오니
어느 여가에 속사정을 다 아뢰리오?

비록 한 군에 한 관리 보내어도
서울 관리 귀가 없고 백성은 입이 없도다.

차라리 급장유를 불러 일으켜
죽지 못한 혈유를 구제함만 못하리.

감상

그런데 이렇게 창생의 괴로움이 큰데도 거기 반항하는 말이 없습니다. 그저 북궐에서 급장유 같은 훌륭한 관리를 보내어 아직 죽지 않고 살아 있는 백성이나마 구해주기를 바랄 뿐입니다. 이게 그들의 한계입니다. 마음 같아서는 더 큰 반항의 말도 하고 싶지만 할 수 없는 현실이었을 것입니다. 또는 생각 자체가 거기, 그 무서운 반역의 지경에까지는 못 미친 것 같습니다. 상상도 못하였을 것입니다. 꿈도 꾸어보지 못하는 것이지요. 그래서 500년 양반 통치가 가능하였을 것입니다.

어무적을 슬퍼한다.

자취 없이 가려는가?
無迹(무적)이로다.
無迹(무적)도 못되어
괴로운 庶孼(서얼)의 삶
한 판 뒤집지도 못하고
빌빌거리다 그냥 죽다니

59

聾巖농암 李賢輔이현보(1647~1555)의 시조

李賢輔(이현보)는 영남에서 시조 문단을 개척한 공로가 있는 분이라고 하겠습니다. 그의 뒤를 이어 주세붕과 퇴계 이황이 각각 시조에 눈을 돌리고 시조를 짓기 시작한 것입니다. 농암은 당시 전하여져 오던 어부가를 축소시켜 정리하였다고 합니다. 이에 상당히 비중을 두어 자신이 序(서)를 쓰고 이황이 跋(발)을 붙였습니다. 이 두 분 儒者(유자)들이 이렇게 정성을 기우린 사실로 보면 시조의 효용을 높이 산 것 같습니다. 아래 농암가를 보겠습니다.

聾巖(농암)에 올라 보니 老眼(노안)이 猶明(유명)이로다.
人事(인사)이 變(변)흔들 산천잇든 가실가
巖前(암전)에 某水(모수) 某丘(모구)이 어제 본듯 ᄒᆞ여라.

감상

농암은 자기 고향 安東(안동) 陶山(도산)의 汾川(분천)에 있는 바위입니다. 1980년대 중반까지 거기 있었다고 기억하는데 그 후 안동댐이 건설되면서 물에 잠기게 되어 어디로 옮겼다는 말을 들었습니다. 왜 귀머거리 바위라고 하였는지 모르나 오래 전부터 그렇게 불리어 온 모양이었습니다. 이현보는 이 바위를 무척 사랑하였던 것 같습니다. 하여 자기의 호도 농암으로 하였습니다. 그래 오랜만에 귀향하여 이 바위를 찾은 겁니다. 찾아 올라 보니 모든 것이 예대로인지라 무척 정다움을 느낍니다. 그래 어디 물, 어느 언덕이 다 눈에 선하게 다가옵니다. 한없는 위안을 받지요. 언제나 고향의 산천은 이렇게 우리를 받아줍니다. 그걸 느끼는 사람은 행복하고 그걸 못 느끼는 사람 곧, 정서가 메마른 사람은 불행한 것이지요. 농암은 이런 행복을 누리는 분이었습니다.

다음 한 수 더 보겠습니다. 어부가 가운데의 한 수입니다.

구버는 千尋綠水(천심록수) 도라 보니 萬疊(만첩) 靑山(청산)
十丈(십장) 紅塵(강호)이 얼마나 가렸는고
江湖(강호)에 月白(월백)하거든 더욱 無心(무심)ᄒᆞ여라.

강호에 노닐면서 즐기는 한적한 만족이 보입니다. 옛날 양반 선비들의 멋입니다. 이 자연 귀의의 맛을 즐기지 못하고 많은 선비들이 세속으로 나가 자기를 더럽히고 끝내는 가문과 나라에까지 누를 끼치는 경우를 많이 봅니다. 이런 면에서 농암이나 퇴계 같은 어른은 참으로 明哲保身(명철보신) 하였다고 할 것입니다.

찬 농암 선생

참 부럽습니다.
그 유유자적의 삶

나설 때를 아시고 물러설 때를 아시고
그 명철을 참 존경합니다.

고향을 아끼고 가꾸는 마음
그 애틋함이 그립습니다.

농암처럼 사시고자 농암에 오르신 어른
농암처런 우뚝히 우러러 보입니다.

60

黃眞伊황진이(~)의 시조

전에도 한 번 말씀 드린바 있습니다만 어느 평론가가 한국 역사상 삼대 서정 시인으로 고려의 정지상과 조선의 황진이 그리고 근대의 김소월을 꼽고 있습니다. 이렇게 시인으로서의 황진이는 우뚝 서 있습니다. 더구나 여자로서 그 자리를 차지하였다니 놀랍습니다. 우리 역사에도 훌륭한 여류 시인들이 많습니다. 역시 기생이었던 매창이나 홍랑도 있고 또 규중시인 신사임당과 난설헌도 있었습니다. 그러나 아무래도 황진이를 앞세울 수밖에 없을 겁니다. 그 시가 그것을 말해줍니다. 물론 시를 자로 재듯 우열을 가릴 수는 없습니다만 일반적으로 보아 그렇다는 겁니다.

그럼 먼저 황진이의 시조 작품을 보겠습니다. 황진이의 시조는 일곱 수라고 하나 그 가운데 한두 수는 확증할 수가 없습니다. 작자가 좀 의심스럽습니다. 먼저 많이 회자되는 두 작품을 보겠습니다.

동짓달 기나긴 밤 한 허리를 베어내어
춘풍 이불 아래 서리서리 너헛다가
어른 님 오신 날 밤이여든 굽이굽이 펴리라.

감상

참 아름답지요. 서리서리, 굽이굽이가 들려주는 은밀한 맛은 우리만이 아는, 그리하여 남들에게 설명을 하기 어려운 우리만의 말입니다. 이를 한역한 분이 屈蟠(굴번)이라 曲曲(곡곡)이라 하여 참 그럴듯하게 번역하였습니다만 아무래도 그 은밀한 맛은 못 살리는 것 같습니다. 우리말의 아름다움이지요. 그 아름다움을 찾아 쓰는 황진이의 솜씨가 아주 돋보이는 겁니다. 요즘 말로 하면 우리말 달인이지요. 한 수 더 보겠습니다.

青山裏(청산리) 碧溪水(벽계수)야 수이 감을 자랑마라.
一到(일도) 滄海(창해)하면 다시 오기 어려워라.
明月(명월)이 滿空山(만공산)하니 쉬어간들 어떠리.

감상

이 시조는 宗室(종실)의 벽계수라는 사람을 꾀었다는 일화가 전하여 오는 바로 그 유명한 시조입니다. 곧 벽계수라는 분이 평소에 사나이 자식이 기생에게 홀리겠느냐? 나는 그냥 놀다가만 올 것이라. 하며 큰 소리를 치고는 황진이를 만나러 개성에 가서 만나 놀다가 떨치고 가는데 황진이가 이 노래를 불러 그를 머물게 하였다는 겁니다. 벽계수는 그의 호이며 명월은 또 황진이의 별칭입니다. 그러니 이 단어에는 이중의 뜻이 있는 것이지요. 물로서의 벽계수와 달로서의 명월 외에 한 사나이 벽계수와 한 여자 명월이 있는 겁니다. 참 묘하게도 짝을 이루었지요. 정말 우리말의 달인이 아닙니까? 그리고 그 발랄한 아이디어는 참 놀랍지 않습니까? 이게 바로 황진이입니다.

61

황진이의 시

또한 황진이는 한시에도 범상한 작품을 남겼습니다. 다음의 시를 보십시오.

月下梧桐盡(월하오동진) 霜中野菊黃(상중야국황)
樓高天一尺(누고천일척) 人醉酒千觴(인취주천상)
流水和琴冷(유수화금냉) 梅花入笛香(매화입적향)
明朝相別後(명조상별후) 情與碧波長(정여벽파장)

번역

달 아래 오동잎은 다 지고
서리 가운데 들국화는 누르더라.
누는 높아 하늘과 한 자 거리요
사람은 취하니 술이 천 잔이더라.
흐르는 물 거문고와 어울려 차갑고
매화 꽃 피리에 어울려 향기롭더라.
내일 아침 서로 이별한 뒤에는
정은 푸른 파도와 더불어 길리라.

감상

시가 마지막 연 외에는 모두 아주 아름답게 대구를 잘 이루고 있습니다. 月下(월하)에 霜中(상중), 梧桐盡(오동진)에 野菊黃(야국황). 그리고 樓高(누고)에 人醉(인취), 天一尺(천일척)에 酒千觴(주천상). 流水(류수)에 梅花(매화), 和琴冷(화금령)에 入笛香(입적향). 참으로 기가 막히게 어울리지요이 역시 아주 재미있는 일화가 있습니다. 앞의 벽계수의 얘기와 비슷합니다.

소세양이란 분이 있었습니다. 젊어서 늘 말하기를 여자에게 혹하는 자는 남자가 아니라고 큰 소리를 쳤습니다. 그러다 송도에 재색이 겸비한 기생이 있다는 말을 듣고 친구에게 말하기를 "내가 가서 꼭 한 달만 같이 지내다 오리라. 그 뒤에는 추호도 마음에 두지 아니 하리라. 만약 하루라도 더 지체하면 나를 사람으로 여기지 말라."고 하였습니다. 그리고는 가서 진이를 만나 한 달을 같이 지냈습니다. 떠나는 날 진이와 더불어 남루에 올라 이별주를 마시게 되었습니다. 송별연이지요. 진이는 조금도 이별을 아쉬워하는 빛이 없었습니다. 다만 청하기를 "님과 더불어 이별을 함에 어찌 한 마디 말이 없겠습니까? 졸작 하나를 올려도 되겠습니까?" 하니 소세양이 허락을 하였습니다. 이에 즉석에서 지어 바친 시가 바로 이것입니다. 이를 본 소세양이 "내가 사람이 아니겠는가?" 하고는 더 머물렀다고 합니다.

이 밖에도 만월대에 올라 읊은 것과 초승달을 읊은 것 등 아주 좋은 황진이의 한시가 더 있습니다만 생략합니다.

황진이를 노래한다.

위대한 시인에다
뛰어난 인기 연예인

기생이면 어때?
한 세상 휘어잡은 여걸

동짓달 긴긴 밤
당신을 그립니다.

62

申師任堂신사임당(1504~1551)의 시

황진이 외에도 여류 시인들이 아주 많았습니다. 유명한 신사임당이 있었고 또 허균의 누나 난설헌 허초희도 있었으며 이옥봉도 있었고 기생인 매창도 있었습니다.

먼저 신사임당의 시를 보겠습니다. 신사임당은 다 아시다시피 율곡의 어머님으로 훌륭한 여인으로 알려져 있습니다만 그림에 아주 능하고 또 한시 역시 잘 지었습니다. 다음의 시를 봅시다.

慈親鶴髮在臨瀛(자친학발재임영)
身向長安獨去情(신향장안독거정)
回首北坪時一望(회수북평시일망)
白雲飛下暮山青(백운비하모산청)

번역

흰머리 어머님은 강릉에 계시는데
이 몸 홀로 서울로 가는 안타까움이여.
머리 돌려 한 번 강릉을 바라보니
흰 구름 날리는 아래 저녁 산만 푸르더라.

감상

〈踰大關嶺望親庭(유대관령망친정)〉이라는 제목의 시입니다. 말 그대로 대관령을 넘으며 친정을 바라보는 시입니다. 임영과 북평 모두 친정이 있는 강릉을 나타내는 말입니다. 그 마음이 그대로 진솔하게 나타납니다. 그래 우리의 마음을 울립니다. 강릉에서 서울은 천리의 길입니다. 더구나 대관령이라는 재를 넘어야 하는 험한 길입니다. 그 멀고도 험한 길을 어머님을 두고 가야 하는 여인의 운명입니다. 그 마음 얼마나 아프겠습니까? 그대로 그 아픔이 우리의 마음에 전하여 옵니다. 이게 시의 위대함입니다.

찬 신사임당

강릉 경포대 등근 달 솟아오를 제
당신의 훤한 모습 떠오릅니다.
대관령 높은 재 굽이 돌 때
당신의 애절한 마음이 울려 옵니다.

시를 쓰고 그림 그려 예술 세계 여시고
어머니로 아기 길러 위대한 율곡 만드시니
오늘도 그대로 우리의 참 스승
온 겨레 존경을 받습니다.
오만원 지폐에 의연히 계십니다.

63

蘭雪軒난설헌(1563~1589)의 시

난설헌 허초희는 허엽의 딸이요, 유명한 허균의 누나입니다. 그녀는 한시를 아주 잘 지었습니다. 현세에 불만이 많았던 탓인지 도가 사상에 심취하여 신선 세계를 다룬 시가 많은데 또 일상생활을 노래한 시들도 많습니다. 그 가운데 한 편을 봅니다.

哭子(곡자)

去年喪愛女(거년상애녀)　今年喪愛子(금년상애자)
哀哀廣陵土(애애광릉토)　雙墳相對起(쌍분상대기)
蕭蕭白陽風(소소백양풍)　鬼火明松楸(귀화명송추)
紙錢招汝魂(지전초여혼)　玄酒奠汝丘(현주존여구)
應知弟兄魂(응지제형혼)　夜夜相追遊(야야상추유)
縱有腹中孩(종유복중해)　安可冀長成(안가기장성)
浪吟黃臺詞(낭음황대사)　血泣悲呑聲(혈읍비탐성)

번역

아들을 곡하노라.

작년에는 사랑하는 딸을 잃었더니
올해에는 사랑하는 아들을 잃었구나.
슬프고 슬픈 광릉의 땅이여
두 무덤이 마주 대하여 있구나.
쓸쓸한 바람 백양나무에 불고
귀신 불 숲속에 반짝이네.

지전으로 너의 혼을 부르고
술을 네 무덤에 붓는다.
응당 형제의 혼은 알지니
밤마다 서로 노닐겠지.
비록 뱃속에 아이가 있으나
어찌 장성하기를 바라리오?
하염없이 황대의 노래를 부르고
피눈물 흘리며 슬피 울음을 삼킨다.

감상

참으로 이 시인과 더불어 같이 피 울음을 울어야 할 사연이지 않습니까? 참 안타깝습니다. 이뿐만 아니라 저는 난설헌을 생각할 때마다 참으로 아련한 아픔을 느낍니다. 그녀의 불행이 너무나도 짙었기 때문입니다. 이렇게 자식 복마저 없는데다 남편과도 사이가 별로 좋지 않았습니다. 그러다 나중에 그녀의 동생 허균이 역적으로 몰리자 그만 내침을 당하다시피 되었습니다. 참 불행한 삶이었습니다.

허난설헌의 시 한 편을 더 소개하겠습니다. 采蓮曲(채련곡)이라는 시입니다.

秋淨長湖碧玉流(추정장호벽오류)
蓮花深處繫蘭舟(연화심처계란주)
逢郎隔水投蓮子(봉랑격수투연자)
或被人知半日羞(혹피인지반일수)

번역

가을은 맑고 긴 호수는 옥처럼 푸른데
연꽃 우거진 깊은 곳에 배를 매었네.
님을 물 건너 만나 연밥 따서 주고는
혹시나 남이 봤을까 반나절 부끄러워했네.

감상

옛날이나 오늘이나 처녀 총각의 데이트는 있었던가 봅니다. 이 처녀는 아주 적극적인 처녀라 총각보다 오히려 더 다가갑니다. 남편에게서 사랑 받지 못한 허난설헌이 그리는 처녀상인가 합니다. 아마 그렇게 적극적으로 다가가지 못하는 자신을 원망하는 마음이 깔리지 않았나 여겨지기도 합니다.

난설헌에 얽힌 불행한 이야기는 더 있습니다. 강릉의 어느 분에게 들은 이야기라 화실하지는 않습니다만 그럴 수도 있다는 생각이 들었습니다..

허균이 역적으로 처형을 당하자 난설헌의 시집에서는 아예 난설헌을 없었던 양 족보에조차도 없앴다가 나중 일제시대에 와서야 난설헌이 유명하여지니 다시 그 무덤을 돌보고 있다는 겁니다. 세상 인심이란 다 그런 것이지요. 하지만 좀 씁쓸한 감이 들었습니다.

난설헌 추모

才子(재자) 薄命(박명)이던가?
당신을 동정합니다.
남편은 시시한 사람
아내를 시기하던가요?
친정 탓에 받은 환난
견디기 어려웠으리.
이제사 제대로 받든다니
일찍 보낸 아들 만나 편히 쉬소서.

64

李玉峰이옥봉(?)의 시

이옥봉은 기생은 아니었지만 그 어머니가 천하므로 자연 자기 몸도 천한지라 정실부인은 못 되고 남의 집 첩으로 들어갔다고 합니다. 어려서부터 총명하여 시를 지었다고 알려지며 결혼 후에도 그 재주, 특히 詩才(시재) 때문에 오히려 미움을 받았다고 합니다. 참 억울한 일, 시를 잘 짓는다고 구박을 받았다니 참 이상한 세상인심이지요. 하기야 난설헌도 그랬다지요. 시 한 편을 보겠습니다.

近來安否問如何(근래안부문여하)
月到紗窓妾恨多(월도사창첩한다)
若使夢魂行有跡(약사몽혼행유적)
門前石路半成沙(문전석로반성사)

번역

요즈음 안부 어떠시냐고 물으신다면
달이 비친 사창에서 저의 한도 많답니다.
만약 꿈속에 다닌 길 자취가 있다면
문 앞의 돌길이 반쯤은 모래가 되었을 겁니다.

감상

참 기막힌 표현이지요. 이런 여자와 연애 한 번 해보았으면 합니다. 아마 나 같은 얼간이는 혼을 빼앗길 것 같습니다. 그래도 그 혼 한 번 빼앗겨 보았으면 합니다.

65

梅窓매창 李桂娘이계랑(~)의 시

매창은 전라도 부안의 기생으로서 본명은 이계랑이라고 합니다. 한시를 잘 지어 시집까지 낼 정도가 되었습니다. 한 수를 보겠습니다. 贈醉客(증취객)이라는 시입니다.

醉客執羅衫(취객집나삼)
羅衫隨手裂(나삼수수열)
不惜羅衫裂(불석나삼열)
但恐恩情絶(단공사정절)

번역

술 취한 손님이 비단 적삼 잡으니
비단 적삼 손 따라 찢어지네.
비단 적삼 찢어짐은 아깝지 않지만
다만 사랑이 끊길까 두렵습니다.

감상

기생이 아니고는 쓸 수 없는 내용입니다. 그러나 아주 솔직한 감정의 표현입니다. 아마 그 취객도 아주 만족하였을 겁니다. 이게 기생의 매력인가 봅니다. 그래 많은 사내들이 기를 못 쓰고 덤비나 봅니다. 이런 기생 요즘도 있다면 참으로 뭇 사내 울리겠지요.

66

매창 이계랑의 시조

또 그녀가 읊었다는 유명한 시조가 있습니다.

梨花雨(이화우) 흣뿌릴 제 울며 잡고 離別(이별)흔 님
秋風(추풍) 落葉(낙엽)에 저도 날 생각난가
千里(천리)에 외로운 꿈만 오락가락 하노매.

감상

이 시조 역시 아주 절창입니다. 봄에 이별한 님 가을에 다시 생각합니다. 내 애절한 그리움에 그도 같이 동조하는가? 이렇게 생각하는 것은 누구나 가진 관심입니다. 나 혼자만의 짝사랑이라면 더 서럽겠지요. 그래 그도 날 생각하여 주기를 바라는 심정이 고스란히, 그러나 은근히 담겨 있습니다. 만약 그도 내가 그를 그리워하는 것처럼 나를 그리워한다면 내 얼마나 행복하겠습니까? 그걸 기대하면서도 믿기지 않아 외로운 꿈이 그에게로 오락가락 하는 겁니다. 흔히 말하는 路柳墻花(노류장화), 길가의 버들이요 담장 아래 꽃입니다. 꺾는 사람이 임자입니다. 기생이란 신분에서 차마 바랄 수 없는 꿈일는지도 모르겠습니다. 그 처지가 참 서글프지요. 그래도 치솟는 그리움이야 그녀인들 어찌 하리오? 사랑이란 게 무언지? 정이란 게 무언지? 이게 연약한 우리 인간인가 봅니다. 특히 여자인가 봅니다.

67

洪娘홍랑(~)의 시조

홍랑은 함경도 경원의 기생이었습니다. 그곳에서 사귄 최경창이 떠나감에 영흥까지 따라와서 이 시조를 주었다고 합니다. 최경창은 잘 알려진 바와 같이 삼당시인(三唐詩人)의 한 사람이지요. 역시 기생도 시의 감각이 있어 시인을 알아본 모양입니다.

묏버들 갈헤 것거 보내노라 님의 손대
자시는 창 밧긔 심거두고 보소서
봄비에 새 잎 곧 나거든 날인가도 여기소서.

감상

여인의 애틋한 정감이 넘치고 있습니다. 끝까지 따라갈 수 없는 기생의 몸이라 이 시조나마 주고 이별하는 그 안타까운 정경이 눈에 선합니다. 그런데 홍랑은 그 후에도 계속 최경창을 그리며 살다 최경창이 죽자 무덤을 지키며 몸을 단장하지 않았다고 합니다. 나중 임진왜란이 나자 최경창의 詩稿(시고)를 짊어지고 피란을 가서 그의 시고를 병화에서 구했다고 합니다. 이만한 기생이라면 사귀고 싶지요. 그래서 나중 그녀가 죽자 후손들이 최경창의 무덤 곁에 묻었다고 합니다.

68

정철의 애기 眞玉진옥의 시조

기생 이야기가 나왔으니 한 사람 더 생각나는 기생이 있네요. 바로 송강 정철의 愛妓(애기) 眞玉(진옥)입니다. 진옥은 함경도 경원의 기생이었습니다. 송강 정철이 그곳에 귀양살이를 할 때 자진하여 송강을 지극히 모셨다고 합니다. 그래 나중 송강이 풀려 돌아갈 때 송강이 그 이야기를 그의 부인에게 하였더니 부인이 그럼 데리고 가자고 하여 송강이 같이 가자고 하였으나 영흥까지만 왔다가 이별하고는 돌아갔다고 합니다. 자기 처지를 생각한 처세이지요.

이 진옥의 시조가 한 수 전하는데 그 일화가 재미있어 소개합니다. 송강이 술이 거나하여 노래 한 곡조를 불렀습니다.

옥이라 옥이라커든 형산 백옥만 여겼더니
다시 보니 紫玉(자옥)일시 적실하다.
나에게 활비비 있더니 뚜러볼가 하노라.

아주 짙은 농이지요. 자옥은 옥 가운데서도 진옥이지요. 곧 기생 진옥 자신을 일컬어 말한 것입니다. 그리고 활비비는 다른 곳에 "살 송곳"이라고도 하였는데 곧 남성의 성기를 일컫습니다. 이렇게 노래를 부르고 곧 대구를 하라고 하였습니다. 이에 이 기생 보십시오. 멋지게 그리고 더 강하게 대답을 합니다.

철이라 철이라커늘 무쇠 錫鐵(석철)로만 여겼더니
이제 보니 正鐵(정철)일시 분명하다.
나에게 골풀무 있더니 녹여볼가 하노라.

참 멋진 기막힌 대구이지요. 정철을 빗대어 正鐵(정철)이라 하고 활비비에 대비하여 골풀무라 하였습니다. 풀무는 쇠를 녹이는 기구가 아닙니까? 곧 여자의 성기를 말합니다. 그 여자의 성기로 쇠로 된 정철의 활비비를 녹이겠다는 겁니다. 이쯤 되고 보면 송강도 손을 들었겠지요.

찬 조선의 기녀들

팔자가 사나와 기녀가 되었나요?
기녀면 어떻습니까?
그 가슴도 따뜻하고 그 재주도 뛰어나는데
一夫從事(일부종사) 귀하지만 만인종사도 장하지요.
춘향에 논개에 황진이도 홍랑도 매창도, 다 기녀였지요.
이제사
우리들 그 가슴 그 의리 그 재주 그린답니다.

69

白湖백호 林悌임제(1549~1587)의 시조

앞에 황진이를 언급하였으니 이어 백호 임제(1549~1587)를 말하지 않을 수 없네요. 임제는 호를 백호라 하며 흔히 풍류남아라 일컬어집니다. 그는 그릇이 커서 자질구레한 예절에 얽매이기를 싫어한 자유인이었던가 봅니다. 또한 우리나라는 황제라는 이름 한 번 못 쓴다고 한탄하였습니다. 당시로서는 감히 입 밖에 내기 어려운 말이었습니다. 그만큼 큰 그릇이었지요. 하여 기생들과도 많은 일화를 남겼습니다.

北天(북천)이 맑다 거늘 雨裝(우장) 업시 길을 나니
山(산)에는 눈이 오고 들에는 찬비로다.
오늘은 찬 비 마자시니 얼어 잘가 하노라.

감상

얼른 보면 평범한 말 같으나 이 속에 아주 묘한 뜻이 숨겨져 있습니다. 곧 기생의 이름이 寒雨(한우)이었던 것입니다. 게다가 "얼어 잔다."는 말도 참 묘한 말입니다. 그냥 보면 찬비를 맞았으니 얼어서 잔다는 것은 아주 자연스러운 현상이라 할 것입니다. 그러나 그렇게 되면 이 시는 아주 가치 없는 평상의 말로 전락할 것입니다. 그런데 여기서 "얼다"라는 말은 또 다른 뜻이 있습니다. 그래 이 시의 가치를 높이지요. 곧 어루는 일은 바로 성적인 접촉을 이르는 말입니다. 그래 이런 경험을 한 사람을 어른이 되었다고 합니다. 그러니 여기서 얼어 잔다는 말은 더불어 잠자리를 함께 하겠다는 말입니다. 그러고 보니 시의 본 뜻을 짐작하게 되어 웃음이 나오지요.

이보다 더 유명한 일화는 황진이와 얽힌 이야기입니다. 임제는 평소 황진이와 특별한 관계가 있었던 것 같습니다. 그래서 평안도 도사(어떤 곳에는 서도병마사라고도 함)로 발령을 받아 평양으로 가는 길에 개성에 들러 황진이를 찾았습니다. 그런데 웬걸 황진이가 벌써 죽었다고 하지 않습니까? 그래 이 정이 많은 임제는 차마 그냥 지나치지를 못하고 묘소를 찾아가 술을 한 잔 올리고는 다음의 시조를 읊었다고 합니다.

青草(청초) 우거진 골에 자는다 누엇는다
紅顔(홍안)은 어디 두고 白骨(백골)만 뭇쳤는다
盞(잔) 잡고 勸(권)할 리 업스니 그를 슬허 하노라.

감상

그런데 이 시조가 곧 조정에 알려져 왕명을 받고 가는 벼슬아치가 기생 무덤에서 이따위 짓을 하였다고 하여 파직을 당하였습니다. 임지에 도착도 못하고 파직을 당하였다니 참 억울하기도 하지만 당시로서는 용서 못 받을 죄이지요. 아마 요즘에도 청문회 같은 곳에 불리어 가면 모면키 어려운 죄가 될 것입니다.

임제 역시 한시에도 능하였습니다. 《白湖集(백호집)》이 전하는데 거기 많은 시가 다 주옥같다고 합니다. 또 《愁城誌(수성지)》라는 의인 소설도 썼습니다. 하여 우리 문학사에 뚜렷한 자취를 남기었습니다. 지금도 백호를 숭앙하는 분들이 〈백호문학(?)〉 이라는 계간지인가를 발행하고 있습디다.

70

林悌임제(1549~1587)의 시

다음 한시를 하나 봅시다.

十五越溪女(십오월계녀)　羞人無語別(수인무어별)
歸來掩重門(귀래엄중문)　泣向梨花月(읍향이화월)

번역

열 다섯 살 처녀 시내를 건너와서도
남들이 부끄러워 말없이 이별하고
돌아와 중문을 굳게 닫고
배꽃 위에 뜬 달을 보고 울더라.

이 시는 어쩌면 그 굳센 사나이 임제의 시 답지 않은 것 같기도 합니다만 그도 시인인지라 이런 감성이 있는가 봅니다.

찬 백호

참 사나이 백호
그의 가슴엔 倜儻不羈(척당불기)의 혼이 있었다.
우리도 황제 한 번 가지자 큰 꿈이 있었다.

그 큰 사나이 그 마음에 정이 있었다.
죽은 황진이 찾아 술 한 잔 올리고 한 곡조 읊었다.

그 큰 사나이가 그립다.
그 따뜻한 정이 그립다.

71

南冥남명 曺植조식(1501~1572)의 시조

남명 조식은 퇴계와 겨루는 성리학자입니다. 경상우도에는 퇴계요, 경상좌도에는 남명이라고들 하지요. 이 남명 역시 퇴계처럼 시조도 짓고 시도 지었습니다. 그러나 퇴계처럼 많지는 않습니다. 먼저 그의 시조를 보겠습니다.

三冬(삼동)에 뵈옷 닙고 巖穴(암혈)에 눈비 마자
구름낀 볏뉘도 쐰 적이 없건마는
西山(서산)에 해지다 하니 눈물겨워 ᄒᆞ노라.

감상

임금의 승하 소식을 듣고 지은 시리고 합니다. 정말 남명은 구름 낀 볕도 쐰 적이 없습니다. 한 번도 벼슬을 하지 않았습니다. 그럼에도 임금이 승하하셨다니 눈물을 흘립니다. 이게 충신의 마음입니다. 임금으로 상징되는 나라의 은혜는 벼슬을 하고 안 하고의 차원이 아닙니다. 모든 백성은 다 나라의 은전을 받고 사는 것입니다. 이를 아는 게 바로 충성심의 바탕입니다. 야인 남명도 이를 깨달아 이렇게 노래하고 있는 것입니다.

그런데 이 시조를 懈菴(해암) 金應鼎(김응정)(1517~1620)의 작품이라고도 하는데 그 내용으로 보아 남명이 맞을 것 같습니다.

72

남명 조식의 시

다음 한시 두 수를 보겠습니다. 지이산 천왕봉을 노래한 시입니다.

請看天石鐘(청간천석종)
非大叩無聲(비대고무성)
萬古天王峯(만고천왕봉)
天鳴猶不鳴(천명유불명)

번역

청컨대 천석종을 보소서
크게 두드리지 않으면 소리가 없습니다.
만고의 천왕봉은
하늘이 울어도 오히려 울지 않습니다.

감상

얼마나 그 기상이 늠름합니까? 吟風弄月(음풍농월)이나 愛情(애정) 토로하는 그런 정도가 아닙니다. 참으로 큰 기개가 넘쳐나고 있습니다 이 시에 대하여 象村(상촌) 申欽(신흠)이 "詩韻(시운)이 豪壯(호장)할 뿐만 아니라 또한 自負(자부)함이 얕지 않다."고 한 평이 결코 과장이 아닐 것입니다. 이런 기상으로 하여 그 제자들 가운데 나라가 어려울 때 의병이 많이 나온 겁니다. 또 한 수 더 보겠습니다.

人之愛正士(인지애정사)
愛虎皮相似(애호피상사)
生前欲殺之(생존욕살자)
死後方稱美(사후방칭미)

번역

사람들이 바른 선비 사랑함은
범 가죽을 사랑함과 비슷하다.
살았을 때는 죽이려 하다가
죽으면 그 아름다움 칭찬한다.

감상

당시 당쟁에 의한 士禍(사화)를 의식하고 비꼰 절규입니다. 정말 이와 같았습니다. 얼마나 죽이려 하였습니까? 또 죽였습니까? 그래 정작 죽이고 나서는 그가 아깝다고 하지요. 비겁한 모습입니다. 이를 풍자한 것입니다.

찬 남명 선생

지리산 정기를 홀로 다 품으시고
웅크려 가만히 도만 닦으신 님
그 도로 세상을 울릴 제
임진년
지리산도 따라 울었다.
온 나라 온 백성 따라 울었다.

73

退溪퇴계 李滉이황(1501~1570)의 시조

우리 역사상 가장 우뚝한 사상가라면 아마 신라의 원효대사와 조선의 퇴계 이황, 두 분을 들어야 하지 않을까 합니다. 거기 현대의 함석헌 선생 정도를 보태면 어떨는지요. 이렇게 퇴계는 위대한 사상가이십니다. 그러나 사상가가 아니라 철학자라고 반론을 제시할지도 모르겠습니다. 사상가와 철학자의 차이가 무엇이냐 따지면 복잡합니다만 사상가는 자기대로의 사상을 만들어 낸 사람이라면 철학자는 이를 연구 규명하는 사람이라 할까요? 이런 의미에서 퇴계를 평하려고도 합니다. 아마 그럴 수도 있을 것입니다. 그러나 이 문제는 덮어 두고서 여기서는 이 위대하신 사상가, 또는 철학자가 문학에, 그것도 많은 사람들이 경시하던 한글 문학에 깊은 애착을 갖고 많은 시조 작품을 남겼다는 게 참 놀랍습니다. 퇴계는 말하기를 "한시는 읊을 수 있을 따름이고 노래 부를 수는 없는 것이기에 우리 말 노래를 짓는다."고 하였습니다. 그리하여 지은 것이 도산육곡(陶山六曲) 전후 12수의 시조입니다. 앞 여섯 수는 言志(언지)이고 뒤의 여섯 수는 言學(언학)이라고 하였습니다. 그래도 12수가 연시조라 할 것입니다만 하나하나 독립하여 보아도 좋습니다. 첫 수를 봅시다.

당시에 예던 길을 몇 해를 버려두고
어디가 다니다가 이제야 도라온고
이제나 도라 오나니 년듸 마음 마로리.

감상

지난 날 학문에 뜻을 두고 정진하였는데 그만 그 길을 버려두고 몇 해를 보내었다는 자탄이 나옵니다. 이 세월은 그가 벼슬을 하던 시기를 두고 하는 말입니다. 퇴계는 벼슬이 싫었던 것입니다. 그래 이제는 오로지 학문에만 정진하겠다는 다짐입니다. 그리하여 그는 위대한 학문을 쌓은 것입니다. 뿐만 아니라 또한 훌륭한 인재를 기른 것입니다. 류성룡, 김성일, 권호문 등 기라성 같은 인물을 배출한 것입니다. 참으로 퇴계의 훌륭함이 이에서 더욱 돋보이는 것입니다.

도산육곡 외에 다른 작품을 감상하여 봅시다.

靑凉山(청량산) 六六峯(육륙봉)을 아느니 나와 白鷗(백구)
白鷗(백구)야 獻辭(헌사)하랴 못 믿을 손 桃花(도화)로다.
桃花(도화)야 떠나지 마라 魚舟子(어주자) 알가 하노라.

감상

청량산은 지금 경북 봉화군에 있는 산으로 퇴계가 사시던 곳에서 그리 멀지 않은 곳에 있습니다. 산이 그렇게 높지는 않으나 그윽하고 봉우리가 많아 절경을 이루고 있습니다. 그러나 워낙 멀리 떨어진 곳에 있어 사람들이 잘 모릅니다. 그러므로 퇴계 같은 분에게는 더욱 좋았으리라 여겨집니다. 그리하여 이 절경이 남들에게 알려져 많은 사람이 드나들까 저어하는 것입니다. 자연을 아끼고 사랑하는 마음이 녹아져 스민 작품이라 할 것입니다.

이렇게 자연을 아끼고 사랑하는 작품은 또 하나 더 있습니다.

이런들 엇더하며 저런들 엇더하료
草野愚生(초야우생)이 이러타 엇더하료
하물며 泉石膏肓(천석고황)을 고쳐 무심하료

감상

천석고황은 자연을 깊이 사랑하여 든 병입니다. 자연을 너무 사랑하기에 어지러운 세상사엔 관심이 없는 것입니다. 하여 이런들 어떠하며 저런들 어떠하냐고 초연해 합니다. 자질구레한 세상일에 관심이 없는 것입니다. 관심을 가져본들 자기 능력 밖의 일인 것이지요. 그래 그만 이 자연에 묻혀 사는 재미, 곧 병이 되리만큼 사랑하게 된 이 병을 고치지 않겠다는 것입니다. 어찌 보면 현실 도피일 수도 있는 자기 변명 같이도 들리나 士禍(사화)가 극심하던 당시를 생각하면 이 병에 걸리지 않고는 오히려 살아남기 어려웠던 것입니다. 사실 퇴계는 이 병으로 하여 일찍 낙향하였고 낙향하였기에 화를 면할 수 있었습니다. 그 회오리바람을 피할 수 있었던 것입니다. 이를 일컬어 明哲保身(명철보신)이라 하던가요?

퇴계의 시조는 또 한 수 더 전합니다.

青山(청산)은 엇디하야 萬古(만고)에 푸루르며
流水(유수)는 엇디하야 晝夜(주야)에 긋지 아니는고
우리도 긋지마라 萬古常青(만고상청) 하리라.

감상

자연에서 교훈을 얻은 작품입니다. 청산처럼 늘 푸르고 유수처럼 주야를 쉬지 말고 힘쓰라는 것입니다. 학문 연마에도 이렇게 하여야 하고 인격 수양에도 이렇게 하여야 할 것입니다. 자기 자신에의 다짐인 동시에 또한 후학에게 주는 교훈이 되기도 합니다.

74

퇴계 이황의 시

黃濁滔滔便隱形(황탁도도편은형)
安流帖帖始分明(안류점점시분명)
可憐如許奔衝裏(가련여허분충리)
千古盤陀不轉傾(천고반타불전경)

번역

누렇게 탁한 물 넘치면 문득 모습을 감추고
잔잔한 물 순해지면 비로소 분명하다
예쁘구나, 이렇게도 거센 물결 속에서
천고의 반타석 기울어 넘어지지 않네.

감상

盤陀石(반타석)이란 제목의 시입니다. 아마 바위의 모양이 말 안장 같아서 붙여진 이름인 것 같습니다. 도도한 물결 속에서도 의연히 서 있는 모습을 찬양하며 나아가 흠모하고 있습니다. 몇 자 안 되는 시에서도 자신의 신념을 아주 잘 드러내고 있습니다. 사실 퇴계는 이렇게 의젓하게 그 사화의 거센 물결을 피해 자신의 이상을 실현하였습니다. 참 돋보이는 처세였습니다.

다음 한 수 더 보겠습니다.

〈野池(야지)〉라는 제목의 시입니다. 이에 대하여 그의 제자 金富倫(김부륜)은 다음과 같은 말을 하였습니다. "선생께서 젊으실 때 우연히 제비골(燕谷)로 놀러 나가셨다." 골짜기에 작은 연못이 있었는데 물이 심히 맑았다. 선생께서 시를 지어 말씀하기를

露草夭夭繞水涯(노초요요요수애)
小塘清活淨無沙(소당청활정무사)
雲飛鳥過元相管(운비조과원상관)
只怕時時燕蹴波(지파시시연축파)

번역

이슬 맞은 풀 어여쁘게 물가를 둘렀는데
작은 연못은 깨끗하여 모래마저 없구나.
구름이 날고 새가 지나가며 원래 서로 돕는데
다만 때대로 제비가 물결을 찰까 두렵다.

"天理(천리)가 流行(유행)하는데 사람이 거기 끼일까 두려워함이다."
고 하셨습니다.

감상

그렇습니다. 구름이 흐르고 새가 날고 하는 모든 것은 천리의 흐름입니다. 그게 자연이지요. 거기 느닷없이 제비가 와서 그 고요함을, 그 천리를 깨트릴까 저어하는 것입니다. 범상한 자연 현상에서 천리를 깨닫는 지혜를 가지셨다고 해야지요. 그게 바로 퇴계 선생이십니다. 이런 심오한 눈을 가진 분을 뵈었으면 합니다. 그러면 저도 열 일 개켜놓고 가서 사사하고 싶습니다. 하기는 이런 분은 더러 계시는데 내 자신이 그런 분을 알아보는 눈을 못 가졌기에 안 보이는 것이겠지요.

끝으로 퇴계의 시학을 볼 수 있는 글 한 토막을 소개하겠습니다. 이는 오늘날에도 필요한 시론이라 할 것입니다.

> "우리 동방 가곡은 대저 음란한 것이 많아 족히 말할 바가 못 된다. 한림별곡의 유들은 문인의 입에서 나오긴 하였으나 자긍하고 방탕하며 아울러 설만(褻慢) 희압(戱押)하여 더욱 군자가 숭상할 바가 못 된다. 오직 근세에 이별(李鼈)의 육가라는 게 있어 세상에 널리 전하여지는데 그것이 오히려 앞의 것 보다 더 낫다. 그러나 또한 아쉽게도 세상을 희롱하고 공경스럽지 못한 뜻(玩世不恭之意(완세불공지의))이 있고 온유돈후(溫柔敦厚)한 열매가 적다."

참으로 들어볼 시론이라 할 것입니다. 시가 무엇인가? 특히 우리의 시가 어떠해야 하는가? 에 대한 진지한 고민을 하고서 시를 써야만 할 것입니다.

우러러 퇴계선생을 바라봅니다.

너무 높아 쳐다보기 힘듭니다.
그 깊으신 학문 어이 감히 말하리요?
그 높으신 경륜 어이 차마 헤아리리요?
東方(동방) 儒宗(유종)
높으신 어른 그저 우러러만 보옵니다.
아득히 바라보며 조금이나마 배우기를 원합니다.

75

栗谷율곡 李珥이이(1536~1584)의 시조

퇴계와 더불어 쌍벽을 이루는 성리학자 율곡 역시 시조도 지었습니다. 그러나 퇴계처럼 많이 짓지는 않았습니다. 연시조인 고산 구곡가의 열 수 외에 한 수가 있을 뿐입니다. 또 세련되지도 못하였습니다. 너무 한자말이 많습니다. 하지만 그의 명성 때문에 많이 일컬어지고는 있습니다. 아래에 널리 알려진 고산구곡가를 잠깐 보겠습니다. 고산 구곡가는 주자의 무이구곡가를 본떠서 지었다고 합니다. 먼저 서사격인 첫 연을 봅니다.

高山(고산) 九曲潭(구곡담)을 사람이 모르더니
誅茅(주모) 卜居(복거)ᄒᆞ니 벗님네 다 오신다.
어즈버 武夷(무이)를 想像(상상)ᄒᆞ고 學朱子(학주자)를 하리라.

첫 연이라 序詞(서사)라 하겠습니다. 다음엔 二曲(이곡) 三曲(삼곡) --- 하여 九曲(구곡)까지 이어나갑니다. 각 曲(곡)마다 그곳의 경치 하나씩을 읊고 있습니다.

다음 마지막 九曲(구곡)을 보겠습니다.

九曲(구곡)은 어느메오 文山(문산)에 歲暮(세모) 커다.
奇巖怪石(기암괴석)이 눈 속에 무쳐세라.
遊人(유인)은 오지 아니하고 볼 곳 없다 하더라.

감상

보시는 바와 같이 주모복거, 학주자, 유인, 등 한문 투의 말이 너무 많습니다. 그러므로 세련되지 못하였다고 하는 것이지요. 그러나 한시에 이르면 이야기는 달라집니다. 당대 뛰어난 학자이시니 한시에서만은 단연코 돋보입니다.

76

율곡 이이의 시

自星山向臨瀛(자성산향임영)

客路春將半(객로춘장반)
郵亭月欲斜(우정월욕사)
征驢何處秣(정려하처말)
煙外有人家(연외유인가)

번역

성산에서 임영을 향하여

타향살이 봄도 반이 지나가고
우정에도 달이 지려하는구나.
먼 길 가는 저 말들 어느 곳에서 먹이는가
자욱한 연기 저 밖에는 인가가 보인다.

감상

임영은 강릉을 말합니다. 자기의 외가가 있는 곳이지요. 그는 그곳에서 태어나 자랐으니 그곳이 늘 그리웠겠지요. 그래 이렇게 노래 불러 보는 겁니다.

한 수 더 보겠습니다. 약관에 안동 예안의 도산으로 퇴계를 찾아가 드린 시입니다. 이때 성주에서 강릉으로 향하여 가던 길이라 하였으니 아마 위의 시를 지은 때와 비슷할 겁니다. 그곳에서 이틀을 머물다 갔다고 합니다. 참 아름다운 만남이라 할 것입니다.

溪分洙泗派(계수주사파)　峯秀武夷山(봉수무이산)
活計經千券(활계경천권)　生涯屋數間(생애옥수간)
襟懷開霽月(금회개제월)　談笑止狂瀾(담소지광란)
小子求聞道(소자구문도)　非偸半日閑(비투반일한)

번역

시내가 나뉘어 수수와 사수로 갈라지나
봉우리 가운데 무이산이 빼어났다.
살아가시는 계책은 천권의 책인데
생애는 몇 칸의 집이로다.
마음 속 품은 뜻 비 개인 뒤 달을 열어주고
얘기하고 웃고 하는 사이 미친 파도 멈춘다.
어린 저 도를 듣고자 구하옵고
한 나절 한가함을 갖고자 함은 아닙니다.

예를 다하여 선생을 높이고 존경하며 자기 구도의 진솔함을 아뢰는 내용입니다. 이에 대하여 퇴계의 和韻(화운)이 있습니다만 생략합니다.

찬 율곡

그 어머니에 그 아들
그 학문에 그 예지
理氣(이기)의 깊은 도리 꿰뚫으시고
내일을 보사 十萬(십만) 養兵(양병) 주장하셨다.
어리석은 조정
난리를 겪고서야 그를 알았다.
고고한 인격
四色黨派(사색당파)도 초월하셨더라.

77

松江송강 鄭澈정철(1536~1593)의 가사

5000년 우리 문학사에 우뚝한 봉우리들이 몇 있습니다. 그 가운데 하나가 송강 문학의 봉우리인가 합니다. 그 봉우리가 하도 커서 어디서부터 더듬어 가야 할는지 막막하기도 합니다. 그러나 아무래도 歌辭(가사)가 가장 우뚝하지 않을까 합니다.

사미인곡, 속미인곡, 관동별곡 성산별곡 등 네 가사 작품은 어느 것이 더 낫다고 할 수 없이 다 빼어난 작품입니다. 거기에다 가사라고는 못하지만 우리말로 된 辭(사)가 한 편 있지요. 장진주사입니다. 먼저 사미인곡을 보겠습니다. 가급적 원문 그대로를 싣고자 합니다만 어려운 곳은 현대문으로 고칩니다.

思美人曲(사미인곡)

이 몸 삼기실 제 님을 조차 삼기시니 ᄒᆞᆫ생 연분이며 하ᄂᆞᆯ 모ᄅᆞᆯ 일이런가. 나 ᄒᆞ나 졈어 잇고 님 ᄒᆞ나 날 괴시니 이 ᄆᆞ음 이 ᄉᆞ랑 견ᄌᆞᆯ 데 노여 없다.
평생에 원ᄒᆞ요대 ᄒᆞᆫ대 녜자 ᄒᆞ얏더니 늙거야 무ᄉᆞ 일로 외오 두고 글이ᄂᆞᆫ고 엊그제 님을 모셔 광한젼에 올낫더니 그더대 엇디ᄒᆞ야 하계에 나려오니 올 저긔 비슨 머리 얼키언디 삼년이라. 연지분 잇네마ᄂᆞᆫ 눌 위ᄒᆞ야 고이ᄒᆞᆯ고 ᄆᆞ음의 매친 시름 첩첩이 싸여 이셔 짓ᄂᆞ니 한숨이요 디ᄂᆞ니 눈물이라. 인생은 유한ᄒᆞᆫ데 시름도 그지업다.
무심ᄒᆞᆫ 세월은 믈 흐르듯 ᄒᆞᄂᆞᆫ고야. 염량이 때를 아라 가ᄂᆞᆫ 닷 고텨 오니 듯거니 보거니 늣길 일도 하도 할샤.

東風(동풍)이 건듯 부러 積雪(적설)을 헤텨내니 窓(창)밧긔 심근 梅花(매화) 두 세가지 피여세라. ᄀᆞ득 冷淡(냉담)한데 暗香(임향)은 무ᄉᆞ 일고 黃昏(황혼)의 달이 조차 벼마태 빗최니 늣기ᄂᆞᆫ듯 반가ᄂᆞᆫ듯 님이신가 아니신가. 더 梅花(매화) 것거 내여 님 겨신데 보내오져. 님이 너를 보고 엇더타 녀기실고

꽂 디고 새 닙 나니 綠陰(녹음)이 깔렸ᄂᆞᆫ데 羅幃(나위) 寂寞(적막)하고 繡幕(수막)이 뷔여 있다. 芙蓉(부용)을 거더 노코 孔雀(공작)을 둘러 두니 ᄀᆞ득 시ᄅᆞᆷ 한데 날은 엇디 기돗던고 鴛鴦衾(원앙금) 버혀 노코 五色線(오색선) 플텨내여 금자해 견화이셔 님의 옷 지어 내니 수품은 ᄀᆞ니와 制度(제도)도 가잘시고. 산호수 지게 우해 백옥함애 다마두고 님의게 보내오려 님 겨신 대 ᄇᆞ라보니 山(산)인가 구름인가 머흐도 머흘시고 千里(천리) 萬里(만리) 길흘 뉘라서 ᄎᆞ자갈고. 니거든 여러 두고 날인가 반기실가.

ᄒᆞᄅᆞ밤 서리김의 기러기 우러 넬 제 危樓(위루)에 혼자 올라 水晶簾(수정렴) 거든말이 東山(동산)의 달이 나고 北極(북극)의 별이 뵈니 님이신가 반기니 눈믈이 절로 난다. 淸光(청광)을 쥐여 내어 鳳凰樓(봉황루)의 븟티고져. 樓(루) 우해 거러 두고 八荒(팔황)의 다 비최여 深山窮谷(심산궁곡) 졈낫ᄀᆞ티 맹그쇼서. 乾坤(건곤)이 閉塞(폐색)ᄒᆞ야 白雪(백설)이 ᄒᆞᆫ 빗친 제 사ᄅᆞᆷ은 ᄀᆞ니와 ᄂᆞᆯ새도 긋쳐 잇다. 瀟湘(소상) 南畔(남반)도 치오미 이러커든 玉樓高處(옥루고처)야 더욱 일러 므슴 ᄒᆞ리. 陽春(양춘)을 부쳐 내여 님 겨신 대 쏘이고져. 茅簷(모첨) 비췬 해ᄅᆞᆯ 玉樓(옥루)의 올리고져. 홍상을 니믜ᄎᆞ고 翠袖(취수)ᄅᆞᆯ 半(반)만 거뎌 日暮脩竹(일모수죽)의 헴가림도 하도 할샤.

댜른 해 수이 디여 긴 밤을 고초 안자 靑燈(청등) 거른 것태

鈿箜篌(전공후) 노하 두고 꿈에나 님을 보려 턱밧고 비겨시니 鴦衾(앙금)도 ᄎᆞ도 찰샤 이 밤은 언제 샐고.

ᄒᆞᄅᆞ도 열두 때 ᄒᆞᆫ 둘도 셜흔 날 져근듯 생각 말라. 이 시름 닛쟈 ᄒᆞ니 ᄆᆞᄋᆞᆷ의 매쳐이셔 骨髓(골수)의 깨텨시니 扁鵲(편작)이 열히오나 이 병을 엇디 ᄒᆞ리. 어와 내 병이야 이 님의 타시로다. 출ᄒᆞ리 싀여디여 범나비 되오리라. 곳나모 가지마다 간대 족족 안니다가 香(향) 므든 ᄂᆞᆯ애로 님의 옷애 올므리라. 님이야 날인 줄 모ᄅᆞ셔도 내 님 조ᄎᆞ려 ᄒᆞ노라.

——

감상

전문을 가급적 원문 그대로 실었습니다. 보시다시피 이 노래는 크게 여섯 단락으로 구성되었습니다. 처음 序詞(서사)가 길게 나오고 다음엔 봄 여름 가을 겨울, 네 계절이 나오며 끝으로 결사가 나옵니다.

이 노래에 대하여 많은 분들의 평이 있습니다. 다들 동방의 離騷(이소)라고 하지요. 그리고는 속미인곡이 더 낫다는 평도 있습니다만 그래도 이 노래가 더 많이 애송된 듯 합니다.

저는 중학교 3학년 때 이를 배웠는데 선생님이 외우도록 강제하는 바람에 애를 먹었습니다만 나중 알고 보니 노래를 감상하는 방법 가운데 하나가 암송이 아닌가 생각되어졌습니다. 뭔지도 모르지만 암송하는 가운데 저절로 알게 되는 경험을 많이 하였습니다. 그리하여 저는 요즘에도 이런 시들은 알던 모르던 우선 가급적 암송하라 이릅니다. 암송하다 보면 나중 알게 된다는 이야기를 하지요.

78

정송강의 가사 續美人曲속미인곡

뎨 가ᄂᆞᆫ 뎌 각시 본 듯도 ᄒᆞᆫ뎌이고, 天上(천상) 白玉京(백옥경)을 엇디ᄒᆞ야 離別(이별)ᄒᆞ고 해 다 뎌문 날의 눌을 보라 가시ᄂᆞᆫ고.

어와 내여이고 내 ᄉᆞ셜 드러 보오. 내 얼굴 이 거동이 님 괴얌즉 ᄒᆞ나미ᄂᆞᆫ 엇던디 날 보시고 네로다 녀기실ᄉᆡ 나도 님을 미더 군뜨디 전혀 업서 아ᄅᆡ야 교ᄐᆡ야 어ᄌᆞ로이 구돗떤디, 반기시ᄂᆞᆫ ᄂᆞᆺ비치 녜와 엇디 다ᄅᆞ신고. 누어 생각ᄒᆞ고 니러 안자 혜여ᄒᆞ니 내 몸의 지은 죄 뫼ᄀᆞ티 싸혀시니 하ᄂᆞᆯ히라 원망ᄒᆞ며 사ᄅᆞᆷ이라 허믈ᄒᆞ랴. 셜워 플텨혜니 造物(조물)의 타시로다.

글란 ᄉᆡᆼ각 마오.

ᄆᆡ친 일이 이셔이다. 님을 뫼셔이셔 님의 일을 내 알거니 믈ᄀᆞ탄 얼굴이 편ᄒᆞ실 적 몃날일고. 春寒苦熱(춘한고열)은 엇디ᄒᆞ야 디나시며 秋日冬天(추일동천)은 뉘라셔 뫼셧ᄂᆞᆫ고. 粥早飯(죽조반) 朝夕(조석) 뫼 녜와 ᄀᆞᆺ티 셰시ᄂᆞᆫ가. 기나긴 밤의 ᄌᆞᆷ은 엇디 자시ᄂᆞᆫ가
님 다히 消息(소식)을 아므려나 아쟈 ᄒᆞ니 오ᄂᆞᆯ도 거의로다. 내일이나 사람 올가. 내 ᄆᆞ음 둘 대 업다 어드러로 가쟛말고 잡거니 밀거니 놉픈 뫼헤 올라가니 구름은카니와 안개ᄂᆞᆫ 무

시일고 山川(산천)이 어둡거니 日月(일월)을 엇디 보며 咫尺(지척)을 모르거든 千里(천리)ᄅᆞᆯ 바라보랴 찰하리 믈ᄀᆞ의 가 배길이나 보쟈ᄒᆞ니 ᄇᆞ람이야 믈결이야 어둥정 된뎌이고 사공은 어데 가고 빈 배만 걸렷ᄂᆞ니 江天(강천)의 혼자 서서 디ᄂᆞᆫ 해ᄅᆞᆯ 구버보니 님 다히 消息(소식)이 더욱 아득ᄒᆞᆫ뎌이고.

모첨 ᄎᆞᆫ 자리의 밤듕만 도라오니 半壁靑燈(반벽청등)은 눌 위ᄒᆞ야 블갓ᄂᆞᆫ고 오ᄅᆞ며 내리며 헤뜨며 바자니니 져근듯 력진ᄒᆞ야 풋ᄌᆞᆷ을 ᄌᆞᆷ간 드니 정성이 지극ᄒᆞ야 꿈의 님을 보니 옥가튼 얼굴이 반이나마 늘거셰라. ᄆᆞ음의 머근 말ᄉᆞᆷ 슬ᄏᆞ장 ᄉᆞᆲ자ᄒᆞ니 ᄂᆞᆫ믈이 바라 나니 말인들 어이 ᄒᆞ며 정을 못다ᄒᆞ야 목이조차 매여ᄒᆞ니 오뎐된 鷄聲(계성)의 ᄌᆞᆷ은 엇디 깨돈던고.

어와 虛事(허사)로다. 이 님이 어디 간고. 결의 니러 안자 窓(창)을 열고 ᄇᆞ라보니 어엿븐 그림재 날 조ᄎᆞᆯ 뿐이로다. ᄎᆞᆯ하리 싀여디여 落月(낙월)이나 되야이셔 님 겨신 창 안해 번드시 비최리라.

각시님 ᄃᆞᆯ이야ᄏᆞ니와 구즌 비나 되쇼서,

감상

보시는 바와 같이 속미인곡은 사미인곡과 다르게 대화체로 되어 있습니다. 처음 한 여인이 말을 겁니다. “저 가는 저 각시 본 듯도 합니다. 천상의 백옥경을 어찌하여 이별하고 해 다 저문 날에 누구를 보러 가십니까?” 하니 이에 대한 대답이 사설로 길게 나옵니다. 자기 한탄이요 독수공방의 고백이요 또 님에의 그리움입니다. 그러다 꿈에 본 님의 모습에 간장이 탑니다. 그래 차라리 죽어서 달이나 되어 님의 창에 비추었으면 하는데 처음 그 여인이 “달이야카니와 궂은 비나 되쇼서” 하며 끝을 맺습니다. 비가 되어 님의 창에 뿌리라는 것이지요. 결국엔 그 여인이 시작하고 그 여인의 말로 마감을 합니다. 그 안에서 자기의 소회를 다 푸는 형식입니다. 구성도 참 치밀하지요.

79

정송강의 가사 將進酒辭장진주사

한 잔 먹새 그려 또 한 잔 먹새 그려.
곳 것거 算(산) 노코 무진무진 먹새 그려.
이 몸 주근 후면
지게 우희 거적 더퍼 주리혀 메여가나
流蘇寶帳(유소보장)의 만인이 우러녜나
어옥새 속새 덥가나모 백양 수페 가기곳 가면
누른 해 흰 달 가는 비 굴근 비 쇼쇼리 바람 불 제
뉘 한 잔 먹자 할고
하믈며 무덤 우해 잰나비 파람 불 제야
뉘우친들 엇디리.

감상

송강 다운 넋두리라 할까요? 권주가로는 너무 처량합니다. 또 너무 철학적입니다. 깊은 철리를 담고 있습니다. 죽어 그 주검이 지게 위에 얹혀 갈 비천한 사람이나 아로새긴 깃에 아름다운 장막에 얹혀서 갈 귀인이나 그 죽음 앞에서는 평등하다는 것입니다. 또 그 무덤도 꾸미든 꾸미지 않든 다 백양나무 수풀에서 비 바람 맞으며 잰나비 울음 속에 있다는 것입니다. 그러므로 결론은 살았을 때 많이 마시자는 것입니다. 어찌 보면 술꾼의 자기 변명일 수도 있고 또 어찌보면 인생의 도리를 개달은 철인의 푸념으로도 보입니다. 어찌 되었든 이 노래는 그의 두 미인곡과 더불어 사후까지도 널리 애송된 듯 합니다. 다음 송강의 노래에 얽힌 두 분의 시를 봅시다.먼저 李安訥(이안눌)(1571~1637)의 시를 봅시다.

江頭誰唱美人詞(강두수창미인사)
正是孤舟月落時(정시고주월락시)
惆愴戀君無限意(추장연군무한의)
世間惟有女郎知(세간유유여랑지)

번역

강가에서 누군가 미인사를 부르네.
곧 바로 외로운 배, 달이 지는 때인데
슬프다. 님 그리는 끝없는 마음이여
세상에선 오로지 아가씨만 알리라.

감상

이안눌은 허균이 말하는 文盟二三兄弟(문맹이삼형제)의 한 멤버로서 이름을 떨친 시인입니다. 처녀들이 미인사 부르는 소리를 듣고 읊었다고 합니다. 처녀들이 미인사 부르는 것도 기특하여 반갑거니와 이 시인의 송강 기리는 은근한 마음도 애틋하지요. 다음 한 편 더 다른 분의 시를 보겠습니다.

空山木落雨蕭蕭(공산목락우소소)
相國風流此寂廖(상국풍류차적료)
惆愴一杯難更進(추창일배난갱진)
昔年歌曲卽今朝(석년가곡즉금조)

번역

빈 산에 나뭇잎은 지고 비는 부슬부슬
정승님 풍류가 이렇게도 적막하구나.
슬프다. 한 잔의 술 올리지 못하니
지난 날 그 노래가 바로 오늘 아침이로다.

감상

權韠(권필)(1572~1612)의 〈過鄭松江墓有感(과정송강묘유감)〉이란 시입니다. 권필 역시 허균의 막역한 친구입니다. 위의 시는 송강의 장진주사를 떠올리며 지은 시입니다. 위위 두 시가 절창으로 인정되어서 오래 인구에 회자되었다고 하니 송강의 문학도 함께 칭송을 받았을 것입니다.

80

송강의 시조

재 너머 成勸農(성권농) 집의 술 닉단 말 어제 듯고
누운 소 발로 박차 언치 노하 지즐 타고
아해야, 네 勸農(권농) 겨시냐 뎡좌수 왓다 일러라.

감상

역시 송강다운 멋과 운치가 있습니다. 술 익었단 말은 어제 들었는데 벌써 그 집 앞에 다다라 있습니다. 시간을 초월하여 있습니다. 그만큼 그 술에 대한 집착이 짙어 금방 간 것이지요. 그래 갔더니 성권롱이 문을 열고 나와 반겨주는 듯한 여운이 남아 있습니다. 글 밖에 그림이 보입니다. 이게 참 묘하지요. 한 수 더 보겠습니다.

쇠나기 한 줄기미 년닙페 소다로게
믈 무든 흔적은 전혀 몰라 보리로다.
내 마음 더 가타야 덜믈 줄을 모르고저,

감상

연 잎에 떨어지는 소나기를 보며 자신의 수양을 닦는 모습에 숙연함을 느낍니다. 소나기가 그리 많이 내려도 그 소나기를 그냥 받아도 전혀 그 소나기에 물들지 않습니다. 그 연꽃의 고결함을 배우려는 자세가 참 돋보입니다.

81

정송강의 시 두 편

咸興客館對菊(함흥객관대국)

秋盡關河候雁哀(추진관하후안애)
思歸且上望鄕臺(사귀차상망향대)
慇懃十月咸山菊(은근시월함산국)
不爲重陽爲客開(불위중양위객개)

번역

함흥 개관에서 국화를 대하여
가을 저문 변방에 기러기 슬피 우는데
돌아가길 바라며 또 망향대에 오른다.
시월 함흥의 은근한 국화여
중양절에 피지 않고 나를 위해 이제 피었구나.

감상

함흥 객관에서 국화를 보고 감회를 읊었습니다. 함흥은 아시다시피 북방 맨 끝자락입니다. 어떤 연고로 거기 왔던지 그곳에서는 망향을 앓기 마련일 겁니다. 그래 오늘도 망향대에 올랐습니다. 그런데 그 망향대에서 멀리 바라다 보는 것보다 더 반가운 일이 미처 오르기도 전에 펼쳐집니다. 때 아니게 거기 국화가 피어 있는 겁니다. 국화는 원래 중양절인 9월에 피는데 10월인 지금 피어 있습니다. 그래 하도 반가워 "오, 너 국화야, 너는 나를 반기려고 중양절에 피지 않고 이 때늦게 10월에 피었구나." 하고 감탄을 하는 겁니다. 송강 한시는 이렇게 대개 즉흥적인 게 많답니다. 억지로 꾸미지 않고 즉흥적으로 읊는 겁니다. 그러므로 더 진솔할 수가 있지요. 전혀 조탁이 없습니다. 이 시 역시 그렇지요. 아래의 시 역시 아주 즉흥적입니다. 순간을 묘사하고 있지요.

秋夜(추야)

蕭蕭落葉聲(소소낙엽성)
錯認爲疎雨(착인위소우)
呼童出門看(호동출문간)
月掛溪南樹(월괘계남수)

번역

가을 밤

솔솔 낙엽 지는 소리
성긴 빗방울인가 잘못 알고
아이 불러 문 밖을 나가보라 하였더니
"달이 시내 남쪽에 걸려 있습디다." 하더라.

감상

그 정경이 눈앞에 그대로 그려집니다. 가을밤입니다. 객수에 잠 못 들어 하는데 빗방울 떨어지는 소리가 들립니다. 비가 오는가 보다 하고 아이 불러 나가보라고 합니다. 나갔다 온 아이의 말 "비는 무슨 비요? 시냇가 남쪽에 달이 떠 있는 걸요." 합니다. 알고 보니 그 소리는 낙엽 지는 소리였습니다. 그대로 가을밤 정경을 그리고 있습니다.

그런데 이 시의 3구를 조금 달리 해석할 수도 있습니다. "아이를 불러 문 밖을 나가보니"로 할 수도 있습니다. 자기가 직접 나가 보았다는 겁니다. 나가 보니 시내 남쪽에 달이 그렇게 떠 있더라는 겁니다. 그러나 이렇게 해석하여도 전체의 흐름에는 별 차이가 나지 않습니다.

찬 정송강

天賦(천부)의 詩材(시재)에다
多情多感(다정다감) 깊은 감정

우리말도 잘도 골라
작품마다 절창이라

이제도
애송하느니
가사에다 그 시조

82

忠武公충무공 李舜臣이순신(1545~1598)의 시조

우리 역사 5000년에 참으로 훌륭한 위인이 많았습니다만 충무공 이순신 장군 같으신 위인은 없다고 봅니다. 전략이 뛰어나 연전연승 무패의 기록을 세워 위대할 뿐만 아니라 그의 그 충성심과 애국심, 그리고 그 지순하고 청정한 마음씨는 참으로 한 인물로서의 위대함을 가지셨습니다. 저는 장군으로서의 이순신보다도 한 인간으로서의 이순신을 더 우러러 봅니다. 참으로 위대한 인격자셨습니다. 우리와 같이 웃고 울고 하는 감정을, 그리고 성정을 가지시고 그것을 승화시키시는 인간 이순신은 참으로 위대한 인물이셨습니다. 게다가 그 어른은 역사를 꿰뚫어 보시는 혜안을 가지셨습니다. 난리가 날 것을 아시고 미리 준비하신 이야기야 다 아는 사실이지만 전란이 끝나면 펼쳐질 泥田鬪狗(이전투구)의 앞날을 예견하시고 장렬히 전사하시는 용기는 더욱 우리를 감동시키십니다.(저는 장군의 최후는 스스로의 결단으로 이루어졌다고 믿습니다) 그러면서도 또한 섬세한 인간으로서의 감정을 지니셨습니다. 초인으로서 당당함이 보이는 게 아닙니다. 연약한 한 인간으로서 잠 못 이루는 밤, 괴로운 밤을 그도 역시 맞으며 애를 끊는 고초를 겪는 것입니다. 다음의 시조를 봅시다.

閑山(한산)섬 달 밝은 밤의 戍樓(수루)에 혼ᄌᆞ 안ᄌᆞ
큰 칼 넙희 ᄎᆞ고 깁픈 시름 ᄒᆞᄂᆞᆫ 적의
어듸서 一聲胡笳(일성호가)ᄂᆞᆫ 남의 애를 긋나니

감상

한 인간으로서의 괴로움이 그대로 나타납니다. 일성호가에 애를 끊은 아픔을 느끼는 한 섬세한 인간의 숨결이 들리지 않습니까? 결코 초인이 아닙니다. 그러기에 더욱 친근하게 그리고 돋보이게 우리에게 다가옵니다. 정말 우리는 우리 역사에 이런 분을 가졌다는 게 참 자랑스럽습니다. 정말 만에 하나라도 그 인격을 배우고 싶습니다.

83

충무공 이순신의 시

다음의 한시에서도 그의 그 섬세한 마음이 그대로 나타납니다.

水國秋光暮(수국추광모)
驚寒雁陣高(경한애진고)
憂心輾轉夜(우심전전야)
殘月照弓刀(잔월조궁도)

번역

바다에 가을 빛 저무니
추위에 놀란 기러기 진 높이 나는구나.
걱정하는 마음에 잠을 못 이루는데
새벽 달 활과 칼에 비추네.

감상

가을입니다. 그것도 늦가을입니다. 기러기마저 일찍 찾아온 추위에 놀라 진 높이 날아갑니다. 난리에 놀라 피난 가는 백성이 연상됩니다. 이 백성을 어찌하며 이 전쟁을 어떻게 할까? 걱정에 잠을 못 이루는데 벌써 새벽달이 떠 벼맡에 비춥니다. 고스란히 밤을 지새운 것이지요. 그 정경이 그대로 우리 눈앞으로 다가옵니다.

그러나 장군께서는 역시 장군이십니다. 이런 섬세한 면만 가지신 게 아닙니다. 장군으로서의 늠름함이 있습니다. 기개가 있습니다. 다음을 보십시오.

誓海魚龍動(서해어룡동)
盟山草木知(맹산초목지)

번역

바다에 서약하니 물고기와 용이 움직이고
산에 맹세하니 풀과 나무가 아는도다.

감상

역시 장군이시지요. 섬세한 감정을 가지셨으나 또한 드높은 기개를 가지셨으니 위대한 인간, 위대한 장군이 되신 겁니다.

찬 충무공

당신이 계시기에 내 조국이 자랑스럽습니다.
당신이 계시기에 내 좌절할 때 위로를 받습니다.
당신이 계시기에 우리 쓰라린 삶도 이겨 나갑니다.
당신이 계시기에 우리 참 지도자를 뵈옵니다.
당신은 겨레의 영원한 스승, 우러러 존경합니다.

84

蘆溪노계 朴仁老박인로(1561~1642)의 시조

반중조홍감이 고아도 보이ᄂᆞ다.
유자 안이라도 품엄즉도 ᄒᆞ다마ᄂᆞᆫ
품어가 반기리 업스니 글노 설워 ᄒᆞ노라.

감상

蘆溪(노계) 朴仁老(박인로)는 무인으로 임진왜란에 종군하였으며 난후에는 고향 영천에 돌아가 독서와 시조 가사 창작에 몰두하여 60여 수의 시조와 가사 여러 편을 남겼습니다.

위의 시조는 그가 재상인 한음 이덕형을 찾아갔을 때 받은 빨간 홍시를 보고 불현듯 돌아가셨지만 어머니께 드리고픈 마음이 간절한 가운데 중국 고사에 나오는 회귤 고사가 기억 나 지은 것입니다.

회귤 고사는 중국 삼국 시대 육적이라는 아이가 어느 집에 갔더니 유자를 먹으라고 주었는데 그것을 몰래 품에 품었다가 그만 들키고 말았습니다. 왜 그렇게 하였느냐는 주인의 물음에 품어가 어머님께 드리려고 하였다는 이야기인데 어머님에 대한 효심으로 널리 회자되던 고사입니다.

노계는 효심이 지극하여 부모님 사후 여묘살이를 3년이나 하였다고 합니다. 이러한 효심이니 빨간 홍시를 보니 순간 어머님께 드리고 싶은 충동이 일었으나 다시 정신을 차려 보니 이미 어머님은 계시지 않음에 가슴이 아픈 것입니다. 그래 이 노래를 즉석에서 불렀을 것입니다.

아래 그의 가사 〈선상탄〉 한 편을 조금 보겠습니다. 해석은 번거로와 그냥 원문만 소개합니다. 송강과는 달리 한문 말을 여과 없이 그대로 너무 많이 써서 아무래도 송강에게는 많이 뒤진다는 평을 받습니다.

85

박인로의 가사

선상탄(船上嘆)

[1]

늘고 병든 몸을 주사(舟師)로 보내실새
을사(乙巳) 삼하(三夏)애 진동영 나려오니
관방중지(關防重地)예 병이 깁다 안자실랴.
일장검(一長劍) 비기 차고 병선(兵船)에 구테 올나
려기진목(勵氣瞋目)하야 대마도을 구어보니
바람 조친 황운(黃雲)은 원근에 사혀 잇고
아득한 창파(滄波)는 긴 하늘과 한 빗칠쇠.

[3]

준피도이(蠢彼島夷)들아 수이 걸항(乞降) 하야스라.
항자불살(降者不殺)이니 너를 구태 섬멸하랴
오왕(吾王) 성덕(聖德)이 욕병생(欲竝生)하시니라
평천하애 요순 군민(君民) 되야 이셔,
일월광화(日月光華)는 조득조(朝得朝)하얏거든
전선(戰船) 타던 우리 몸도 어주(漁舟)에 창만(唱晩)하고
추월춘풍(秋月春風)에 놉히 베고 누어 이셔
성대(聖代) 해불양파(海不揚波)를 다시 보려 하노라.

86

孤山고산 尹善道윤선도(1587~1671)의 시조 1 五友歌오우가

孤山(고산) 尹善道(윤선도)는 송강에 버금가는 시조 작가입니다. 75수나 되게 많이 지었을 뿐만 아니라 그 수준이 아주 높습니다. 먼저 그의 대표작이라 할 오우가를 보겠습니다. 오우가는 말 그대로 다섯 벗에 대한 노래입니다. 水石松竹月(수석송죽월)입니다. 처음 序詞(서사)가 있고 다음 차례로 하나 하나를 읊고 있습니다. 그러니 모두 6연으로 된 연시조이지요.

내 벗이 몇이나 ᄒᆞ니 수석과 송죽이라.
동산에 달 오르니 긔 더욱 반갑고야.
두어라 이 다섯 밖에 또 더ᄒᆞ야 머엇ᄒᆞ리.

그름 비치 조타 ᄒᆞ나 검기ᄅᆞᆯ 자로 ᄒᆞᆫ다.
바람 소리 막다 ᄒᆞ나 그칠 적이 하노매라.
됴코도 그칠 뉘 업기ᄂᆞᆫ 믈 뿐인가 ᄒᆞ노라.

곳은 므슨 일로 퓌면서 쉬이 지고
플은 어이ᄒᆞ야 프르는 듯 누르나니
아마도 변치 아닐 손 바위 뿐인가 ᄒᆞ노라.

더우면 꼿 피고 추우면 입 지거ᄂᆞᆯ
솔하 너는 어이 눈서리ᄅᆞᆯ 모르난다
구천의 불휘 고든 주를 글로 ᄒᆞ야 아노라

나모도 아닌 거시 플도 아닌거시
곳기는 뉘 시기며 속은 어이 뷔엿는다
저러코 사시에 프르니 내 벗인가 ᄒᆞ노라.

작은 거시 노피 떠서 만믈을 다 비최니
밤 중의 광명이 너먼한 이 또 잇느냐
보고도 말 아니 ᄒᆞ니 내 벗인가 ᄒᆞ노라.

——

감상

이렇게 서시라 할 수 있는 앞에는 다섯 벗을 소개하고 다음부터는 水(수), 石(석), 松(송), 竹(죽), 月(월)을 하나씩 들어 좋은 이유를 밝힙니다. 물의 지속성, 돌의 불변, 소나무의 절갱, 대나무의 절의, 달의 무언 등을 찬양하고 있습니다.

87

孤山고산 尹善道윤선도(1587~1671)의 시조 2
漁父四時詞어부사시사

〈어부 사시사〉는 고산 윤선도가 해남 보길도에 은거하던 때 몸소 그 생활을 즐기며 지었다고 합니다. 더러 이현보의 어부사를 본받았다고 하나 그보다 훨씬 나아가 더 핍진하게 그렸습니다. 네 계절마다 10수씩 40수를 불러 아주 길지요. 춘사 가운데 앞 몇 수만 보겠습니다.

---

[1]
앞 개에 안개가 걷히고 뒷산에는 해가 비친다.
〈배를 띄워라, 배를 띄워라.〉
썰물은 거의 나가고 밀물이 밀려온다.
〈찌거덩 찌거덩 어야차!〉
강촌의 온갖 꽃이 먼 빛이 더욱 좋다.

[3]
봄바람이 문득 부니, 물결이 곱게 일어난다.
〈돛을 달아라, 돛을 달아라. 어야차!〉
돛을 달아라 돛을 달아라.
동호(東湖)를 바라보며 서호(西湖)로 가자꾸나.
〈찌거덩 찌거덩 어야차!〉
앞산이 지나가고 뒷산이 나타난다.

[4]
우는 것이 뻐꾸기인가? 푸른 것이 버들숲인가?
노를저어라, 노를저어라.
(배가 쏜살같이 나아가니) 어촌의 두어 집이 안개 속에 들락날락 한다.
찌거덩 찌거덩 어야차 !
맑고도 깊은 소에서 온갖 고기가 뛰논다.

또 〈漫興(만흥)〉이라는 시조를 소개합니다. 그의 자연 사랑을 잘 나타내 줍니다.

잔 들고 혼자 안자 먼 뫼흘 바라보니
그리단 님이 온다 반가옴이 이러하랴
말삼도 우음도 아녀도 몯내 됴하 하노라.

찬 고산 윤선도

벗을 다섯이나 가진 당신을 사모합니다.
부용당 지어 놓고 즐기시는 당신을 부러워합니다.
그래도 그 가슴에 충성심 살아
난리 소식에 한양으로 향하는 당신을 존경합니다.
어떻게 당신처럼 살 수 있을까 우러러 쳐다봅니다.

88

삼당파의 시들 1
白光勳백광훈(1537~1582)의 시

조선 중기 唐詩(당시)를 숭상하는 풍조가 일어나니 그 가운데 우뚝한 세 시인을 일털어 三唐派(삼당파) 시인이라 불렀습니다. 白光勳(백광훈), 崔慶昌(최경창) 李達(이달) 등입니다. 그 전까지 대개 蘇軾(소식)을 배우려는 풍조가 강하였으나 이들에 이르러 唐(당)으로 기울어졌던 것입니다.

먼저 백광훈(1537~1582)의 시부터 한 수 보겠습니다.

秋草前朝寺(추초전조사)
殘碑學士文(잔비학사문)
千年有流水(천년유류수)
落日見歸雲(낙일견귀운)

번역

가을 풀은 앞 나라의 절에 자라고
남은 비석엔 학사의 글이 있더라.
천년 흐르는 냇가에서
지는 해에 돌아가는 구름을 본다.

감상

過弘慶寺題詩(과홍경사제시)라 하였습니다. 홍경사가 어디에 있었는지 모르겠습니다. 지금도 있는지는 더욱 모르겠습니다. 한 폭의 쓸쓸한 풍경을 대합니다. 낡은 前朝(전조) 때의 절에 비가 하나 덩그러니 서 있습니다. 잘 읽을 수는 없지만 학사의 글임에는 틀림없습니다. 세우던 당시로서는 대단한 비석이었지요. 그러나 지금은 다 흘러간 일, 천년 흐르는 강가에서 쓸쓸히 넘어가는 해를 바라봅니다. 처량하다 할까요? 쓸쓸하다 할까요? 허무하다 할까요? 오늘도 이런 정경을 숫하게 많이 보지요. 그 모습을 그대로 그리어 전하기만 합니다. 자기의 감정은 하나도 나타내지 않습니다. 그러나 더 많은 감정을 전하고 있습니다. "無言而言(무언이언)" 이게 바로 시인의 능력입니다.

89

삼당파의 시들 2
崔慶昌최경창(1539~1582)의 시

홍랑과의 로맨스로도 유명한 최경창은 역시 삼당파의 한 시인이었습니다. 한 수 보겠습니다.

門前車馬散如煙(문전거마산여연)
相國繁華未百年(삼국번화미백년)
深巷寥寥過寒食(심항료료과한식)
茱萸花發古墻邊(수유화발고장변)

번역

그 많던 문 앞의 수레와 말들 연기처럼 흩어지고
정승 집의 번화함도 백년을 못 가는구나.
깊은 골짝 쓸쓸히 한식을 지날 제
수유 꽃만 옛 담장 밑에 피었다.

감상

大隱巖(대은암)이라 하였는데 왜 그런 詩題(시제)가 붙었는지 모르겠습니다. 인생무상을 노래하는 듯 하기도 하고 그렇게 떵떵거리던 相國(상국)의 위세를 비웃고 있는 듯도 합니다. 아마 후자에 더 무게를 두었는 듯도 합니다. 미관말직의 최경창 처지에서는 한 번 풍자해 볼 소재가 되었겠지요.

90

삼당파의 시들 3
蓀谷손곡 李達이달(?)의 시

三唐 詩人 가운데 이달을 가장 높이 평가하는 분이 많다고 합니다. 더구나 이달은 제자 허난설헌을 두어 그녀의 덕에 더 유명하여졌을 겁니다. 제자의 득을 보는 거지요. 다음 한 수 유명한 시를 보겠습니다.

白犬前行黃犬隨(백견전행황견수)
野田艸際塚疊疊(야전초제총첩첩)
老翁祭罷田間道(노옹제파전간도)
日暮醉歸扶小兒(일모취귀부소아)

번역

흰 개는 앞서가고 누렁개 뒤따른다.
들 밭 풀들 가에 쓸쓸한 무덤들 총총
늙은이가 들 가운데 길에서 제사를 마치니
해는 뉘엿뉘엿 취하여 돌아가는데 어린 아이가 부축한다.

※ 疊 자는 밑에 糸가 있는데 컴퓨터에 나오지 않아 대신 썼습니다.

감상

祭塚謠(제충요)라 제목을 붙인 시입니다. 참 정겨운 한 폭의 그림이지요. 석양에 한 노인이 취하여 묘제를 마치고 돌아가는데 어린 아이가 부축하여 모시고 갑니다. 거기 앞에는 흰 개가 가고 뒤에는 누렁개가 뒤따라 갑니다. 그 정겨운 모습을 그대로 그림 그리고 있습니다.

찬 삼당시인

천재라 불립니다만
모두들 불우하였지요.
불우하기에 시는 더욱 절실하지요.
정녕 인생 미백년이나
시는 영원히 살아 전하지요.
삼당시인 그 이름도 영원하지요.

91

石洲석주 權韠권필(1569~1612)의 시

권필은 당시의 선비가 겪는 길, 곧 出仕(출사)의 길을 걷지 못하였습니다. 음직으로도 나아가지 못하고 과거를 통해서도 진출하지 못하고 평생 야인으로 살면서 현실과 부딪쳤습니다. 하여 많은 비판을 하며 풍자를 하였습니다. 다음의 시는 그 좋은 본보기입니다. 〈忠州石(충주석)〉이란 제목의 시입니다.

忠州美石如琉璃(충추미석여유리)
千人續出萬牛移(천인속출만우이)
爲問移石向何處(위문이석향하처)
去作勢家神道碑(거작세각신도비)
神道之碑誰所銘(신도지비소소명)
筆力掘强文法奇(필력굴강문법기)
皆言此公在世日(개개언차공재세일)
天姿學業超等夷(천자학업초등이)
事君忠且直(사군충차직)
居家孝且慈(거가효차자)
門前絶賂路(문전점퇴로)
庫裏無財資(고이무재자)
言能爲世法(언능위세법)
行足爲人師(행족위인사)
平生進退間(평생진퇴간)
無一不合宜(무일불합의)
所以垂顯刻(소이수현각)
永永無磷緇(영영무린치)

此語信不信(차언신불신)
他人知不知(타인지부지)
遂令忠州山上石(수령충주산상석)
日銷月鑠今無遺(일소월삭금무유)
天生頑物幸無口(천생완물행무구)
使石有口應有辭(사석유구응유사)

번역

충주의 돌 아름답기 유리 같은데
천 사람이 캐내고 만 마리 소가 옮기네.
물어보자 돌을 옮겨 어디로 가는가요?
가서 세도가의 신도비를 만든다네.
신도비에는 누구를 새깁니까?
필력도 굳세고 문법도 기이하다.
모두들 말하기를 이 분 세상에 계실 때에
천품과 학업 뛰어났다네.
임금을 섬김에 충성되고 곧으며
집에 거할 때는 효도하고 자애롭고
문앞에는 뇌물 길이 끊기고
곳간에는 재물이 없었다네.
말은 능히 세상의 법이 되고
행동은 족히 남의 스승이 되었다네.
평생 나아가고 물러감에
어디 하나 마땅치 않음이 없었다오.
때문에 새겨서
길이 길이 변치 않게 하렵니다.
이 말 믿건 말건
남들이 알든 모르든
드디어 충주 산 위의 돌들

날로 줄고 달로 줄어 이제 남은 게 없네.
하늘이 무딘 것을 낼 때 다행히도 입을 없게 하였지.
돌에 입이 있다면 응당 사설이 있으리라.

감상

당시 사회의 병폐인 신도비의 허구를 고발하고 있습니다. 그 신도비에는 아름다운 말은 다 쓴다는 것입니다. 그런 부질없는 일을 하느라 애매한 돌만 부서지고 백성은 죽어나는 것입니다. 그러나 이런 일이 어디 권필 당대에만 있었습니까? 오늘날 자서전이나 전기 같은 것들도 다 이런 유가 아닌가 합니다.

92

許均허균(1569~1618)의 시

우리는 《홍길동전》의 작자 허균으로만 아는 수가 많습니다. 그러나 그는 소설가 이전에 시인이요 평론가요 나아가 정치가요, 정치가 중에서도 혁명적 정치가이고 또 폭 넓은 학자이었습니다. 한 마디로 그를 평한다면 한 시대의 저항아였습니다. 저항아이었기에 그 시대에 용납되지 못하고 불우한 삶을 살다 끝내 역적으로 몰려 죽었다고 하겠습니다. 다음의 시는 그의 저항아적 면모를 절실히 보여줍니다.

禮敎寧拘放(예교녕구방)
浮沈只任情(부침지임정)
君須用君法(군수용군법)
吾自達吾生(오자달오생)

번역

예교가 어찌 자유를 구속하리오?
뜨고 잠김을 정에 맡기리라.
그대는 모름지기 그대의 법을 따르라.
나는 스스로 내 삶을 달하리라.

감상

〈聞罷官職(문파관직)〉의 일부분입니다. 관직에서 파직되었다는 말을 듣고 지었다는 것입니다. 나는 나대로 살겠다고 주장하는 것입니다. 예교에도 얽매이지 않겠다는 결의가 단단합니다. 이러므로 결국 홍길동 같은 꿈을 꾸고 결국엔 역적으로 몰려 죽은 것입니다. 한 천재가 걸은 험난한 길이었습니다.

허균 선생을 동정한다.

그 문벌에 그 재주
한 세상 주름을 잡으련만
그 꿈이 시대를 앞질러
홍길동도 잡히구나.
아깝다.
그 인물에 그 경륜이여.

93

金尙憲김상헌(1570~1652)의 시조

가노라 三角山(삼각산)아 다시 보자 漢江水(한강수)야
故國山川(고국산천)을 떠나고자 하랴마는
時節(시절)이 하 殊常(수상)하니 올동말동 하여라.

감상

시조를 지을 분이 아닌데 지으셨네요. 아주 고지식한 유학자십니다. 그래 主戰派(주전파)의 우두머리였습니다. 이런 분이 시조를 지으시니 좀 어울리지 않지요. 그럼에도 지으셨으니 놀랍지요. 고국산천 떠나는 그 심경이 너무나 절박하였던 것 같습니다. 그래 그만 평상시의 말 그대로 토로하고 맙니다. 그냥 그대로 넋두리를 하신 겁니다. 과연 그 시대상황이 그러하였습니다. 과연 떠나가지만 올동말동한 상황이었습니다.

94

鳳林大君봉림대군(1619~1659)의 시조

青石嶺(청석령) 지나거나 草河口(초하구)는 어디메오
胡風(호풍)도 차도찰사 구즌 비는 무슨 일고
아무나 내 行色(행색) 그려 님 겨신 데 드릴고

감상

이 시조의 배경을 생각하여 보면 정말 눈물이 나옵니다. 지금 일국의 왕자가 인질로 잡혀 청나라 수도 심양으로 끌려 가는 길입니다. 참으로 처량한 신세지요. 그런데 오기 전 들었습니다. 의주에서 압록강을 건너면 바로 청나라의 땅 안동이 나오고 거기로부터 조금 더 가서 청석령을 넘고 초하구를 지나 심양으로 간다고 미리 들으셨겠지요. 그래 묻습니다. 청석령을 지났느냐는 것입니다. 그러면 초하구는 또 얼마나 더 가야 하느냐고 묻습니다. 그리곤 이 오랑캐의 땅 바람은 어이 이리도 차가운가 하고 한숨을 쉽니다. 그러면서 누가 이 처량한 모습을 그려 님 계신 한양 궁궐로 보낼고? 하며 울부짖고 있는 겁니다. 이 치욕을 씻어 달라는 절규이지요. 이 치욕에의 한이 맺혀 나중 왕이 되신 후에 "북벌"을 주장하신 거지요. 필자는 이 길을 따라 여행을 해 본 경험이 있습니다. 그 치욕의 길이 요즘엔 우리 겨레 자랑의 길이 되어 "한류"가 물결치고 있음에 감격하여 운 기억이 있습니다.

95

燕巖연암 朴趾源박지원(1737~1805)의 시

翁老守雀座南陂(옹로수작좌남피)
粟拕狗尾黃雀垂(속타구미황작수)
長男中男皆出田(장남중남개출전)
田家盡日晝掩扉(전가진일주엄비)
鳶蹴鷄兒攫不得(앵축개아확부득)
群鷄亂啼匏花籬(군계난제리화리)
小婦戴捲疑渡溪(소부대권의도계)
赤子黃犬雙追隨(적자황견쌍추수)

번역

늙은이 참새 지키려 남쪽 기슭 앉았는데
개 꼬리 같은 조 이삭에 참새 매달렸네.
장남 중남 모두 밭으로 나가고
농가 온 종일 낮에도 문이 닫혔다.
솔개가 병아리 쫓다가 잡지 못하는데
뭇 닭들 호박꽃 울타리에서 어지러이 운다.
젊은 아낙 바구니 이고 물을 건너려는데
어린 아이 누렁개 서로 좇아 따른다.

감상

"田家(전가)"라는 시입니다.

박지원은 文章(문장)에는 뛰어나지만 詩(시)에는 별 관심이 없었습니다. 그리하여 지은 시도 몇 수 되지 않습니다. 그러나 당시의 조류로 인하여 시를 전적으로 짓지 않을 수가 없었습니다. 하여 몇 수 남겼습니다만 그저 그냥 지은 것이지 문에서처럼 그렇게 자기의 사상이나 철학을 담지는 않았습니다. 위의 시 역시 그저 그냥 묘사하는 것입니다. 그러나 역시 비범합니다. 전가의 모습을 핍진하게 그리고 있습니다.

연암 선생에게

연암 박지원 선생님
당신이 가신 열하를 저도 갔습니다.
당신의 숨결을 들었습니다.
당신의 그 감격을, 그 뜻을 저도 헤아렸습니다.
하오나 저는 지금 당신이 상상도 못할 놀라운 현실에
꿈인가? 생시인가? 춤을 춥니다.
우리 조선 사람이 이 대륙에서 이 열하에서도
고개를 들고 어깨를 펴고 조선 사람이라 뽐내고 있습니다.
大淸帝國(대청제국) 황실 열하의 그 궁중에도 조선 사람이 판을 칩니다.
大 中華(대 중화)의 그 사람들 조선을 배우려 안달을 합니다.
韓流(한류)가 대륙을 휩씁니다. 비단길 타고 세계로 갑니다.
어찌 이날이 왔습니까?
지하의 선생님도 기뻐하소서. 춤을 추소서.

96

사설 시조 한 수

시조는 원래 평시조만이었습니다. 그러다 거기 한두 구씩 더 늘어나는 “엇시조”가 생겨나고 나아가 더 많은 구가 늘어난 “사설시조”가 나타났습니다. 평시조의 정형화가 너무 답답하였던 모양입니다. 그리고 하고픈 말이 더 많았던가 봅니다. 한 수를 보겠습니다.

귓도리 져 귓도리 에엿부다 져 귓도리

어인 귓도리 지는 둘 새는 밤의
긴 소릐 쟈른 소릐 節節(절절)이 슬픈 소리
제 혼자 우러내어
紗窓(사창)여윈 즘을 살드리도 깨오는고나.

두어라 제 비록 微物(미물)이나
無人洞房(무인동방)에 내 뜻 알리는 너뿐인가 ᄒᆞ노라.

감상

상당히 깊이 있게, 그리고도 섬세하게 잘 표현하였다고 할 것입니다. 독수공방의 설움에 겨운 밤에 울어주는 귀뚜라미에 감사하면서 그리운 님을 그리는 정감이 저절로 떠오르게 읊었습니다. 격조 높은 사설시조의 한 본보기라 할 것입니다.

이 밖에 많은 사설시조는 외설적이거나. 혹은 정제되지 못한 직설적인 표현 등이 많아 외면을 당하는 경우가 많습니다. 그리하여 선비들에는 철저히 외면을 당하였습니다.

97

茶山다산 丁若鏞정약용(1762~1836)의 시

다산 정약용은 대단한 학자이십니다. 만물박사라 할까요? 그의 연구는 정치, 경제, 사회, 그리고 과학, 문학에 이르기까지 이르지 않은 곳이 없습니다. 18년이란 긴 세월 귀양살이는 오히려 그로 하여금 위대한 학자로 만들었습니다. 시에서도 백성의 질고를 대변하는 시를 많이 남겼습니다. 애민의 따뜻한 심정으로 바라보며 때로는 그들을 대신하여 苛斂誅求(가렴주구)하는 관리를 꾸짖기도 하고 혹은 풍자로 야단도 쳤습니다. 여기 풍자시 한 편을 소개하겠습니다.

燕子初來時(연자초래시)
喃喃語不休(남남어불휴)
語意雖未明(어의수미명)
似訴無家愁(사소무가수)
榆槐老多穴(유괴로다용)
何不此淹留(화불차엄류)
燕子復喃喃(연자복남남)
似與人語酬(사여인어수)
榆穴鸛來啄(유용관래탁)
槐穴蛇來搜(괘용사래수)

번역

제비 처음 와서
지지배배 쉬지 않고 지껄이네.
말 뜻은 비록 분명하지 않으나

흡사 집 없는 설움 하소연하는 듯
"느릅나무 회나무 늙어 구멍 많은데
어찌하여 거기 깃들지 않니?"
제비가 다시 지지배배
사람에게 말하듯 수작한다.
"느릅나무 구멍엔 황새가 와서 쫓고요
회나무 구멍엔 뱀이 와서 뒤진다오"

감상

그냥 "古詩(고시)"라 제목하였습니다만 깊은 풍자가 있습니다. 황새나 뱀 같은 탐관오리 때문에 어디 가서 살 곳 없는 백성들의 질고를 대변하고 있습니다. 苛政猛於虎(가정맹어호)의 참상을 그대로 고발하고 있습니다.

다산 선생을 기립니다.

우러러 선생님을 뵈오며 옷깃을 여밉니다.
어이 그리도 진지하시고 박학하십니까?
어이 그다지도 인내하시며 정진하십니까?
囹圄(영어)의 궁한 삶에서도 학문을 닦으신 학자님
厄運(액운)을 幸運(행운)으로 바꾸시는 超人(초인)이시여
그 인격 그 참된 삶 배우기 원합니다.

98

安玟英안민영(1816~ ?)의 시조

안민영은 가객으로서도 대원군의 애호를 받으며 유명하지만 또한 시조 작가로서도 대단합니다. 185수의 시조를 창작하였다고 합니다. 또 그 스승 박효관과 더불어 시조집 《歌曲源流(가곡원류)》를 편찬하였습니다. 이로써 그가 시조문학에 끼친 공로는 아주 크다고 하겠습니다.

그의 시조 두어 편을 보겠습니다.

어리고 성긘 매화 너를 믿지 안녓더니
눈 기약 능히 지켜 두 세송이 피었구나
燭(촉) 잡고 갓가이 사랑할 제 暗香(암향)조차 浮動(부동)하더라.

감상

안민영은 화초를 무척이나 아끼고 좋아하였다고 합니다. 아마도 선비들은 화초 가운데 매화를 으뜸으로 좋아하였지요. 그 추위를 이기는 기상, 그 그윽한 향기, 거기에 춘설 가운데 피는 절의 등을 무척이나 사랑하였지요. 그래 그 어린 매화를 이렇게 높이 평가하여 읊습니다. 너무 어려 차마 피리라고 믿지도 않았는데 꽃을 피을 뿐더러 暗香(암향)조차 피운다는 것입니다. 그러니 더욱 귀하지요. 이를 찬양하고 있습니다. 한 수 더 보겠습니다.

알뜨리 그리다가 만나보니 우습거다.
그림것치 마주안자 脈脈(맥맥)이 볼 뿐이라.
지금에 相看無語(상간무어)를 정일런가 하노라.

감상

전주 기녀 낭대운을 만난 후 읊었다고 합니다. 한 편의 그림 같은 장면이 떠오릅니다. 젊을 때 정을 주고 받던 사이입니다. 그러나 오랜 세월 서로가 서로의 삶으로 하여 만나지 못하다가 늙어 만났습니다. 그러나 둘 사이에 무슨 긴 말이 있겠습니까? 서로 보면서도 말이 없지요. 그래도 그 사이에 정은 무한히 오고가는 게 아니겠습니까? 참 진솔히 표현하였다고 할 것입니다.

99

勉庵면암 崔益鉉최익현(1833~1906)의 시

최익현은 한말 위정척사파의 대표적 학자요, 선비이었습니다. 을사오적을 죽여야 한다고 상소하고 의병을 일으켜 왜적을 물리쳐야 한다고 하였으나 일본군에 잡혀 대마도로 귀양 가서 순국하였습니다. 비록 그 뜻을 이루지는 못하였으나 그 애국 사상은 2000만 겨레의 가슴을 울렸습니다. 하여 그의 영구가 대마도에서 부산을 거쳐 서울로 올 때 온 나라 사람이 나가 맞으며 울었다고 합니다. 그의 울분에 넘친 시 한 편을 보겠습니다.

皓首奮畎苗(호수분견묘)
草野願忠心(초야원충심)
亂賊人皆討(난적인개토)
何須問古今(하수문고금)

번역

흰 마리로 밭 이랑에서 떨쳐나옴은
초야에서나마 충성심을 원함이라.
왜적은 누구나 다 토벌하여야 하거늘
무엇하러 고금을 물을까?

감상

울분에 넘친 부르짖음입니다. 70 노인이 의병을 일으킨다니 남들이 더러 웃은 모양입니다. 그래 이렇게 외치는 겁니다. 내 비록 흰 머리이지만 왜적을 물리치는 일은 누구나 다 하여야 할 일이라 내 밭 이랑에서 나왔고 이 일은 또 고금을 물을 필요도 없다는 겁니다. 그러나 그는 한 번 옳게 싸워 보지도 못하고 대마도에 잡혀 돌아가셨으니 참 안타깝습니다.

한 편 더 보겠습니다.

萬事曾聞有志成(만사증문유지성)
跨年闕下置身輕(과년궐하치신경)
寸丹未效俘先及(촌단미효부선급)
更作何辭答聖明(갱작하사답성명)

번역

일찍 듣건대 뜻이 있으면 이루어진다는데
살아오며 벼슬에서 내 몸 가벼이 여겼더라.
붉은 마음 갚기도 전에 몸이 먼저 잡히니
다시 무슨 말로 임금님께 보답하랴?

감상

〈被囚日獄口呼(피수일옥구호)〉 라고 하였습니다. 일인들에 의해 대마도에 잡혀 있으면서 입으로 불렀다는 것입니다. 선생의 그 처지를 생각하며 읊어 보면 참 동정이 갑니다. 얼마나 원통하였겠습니까? 얼마나 억울하였겠습니까? 나라 팔아먹은 역적들은 서울에서 호의 호식하며 떵떵거리는데 온 백성은 남의 종이 되는 찰나 자기는 옴짝달싹도 못하고 잡혀 있으니 그 심정 어떠하였겠습니까?

100

梅泉매천 黃玹황현(1855~1910)의 시

황현은 선비이지만 야인이었습니다. 그러나 나라가 망함에 "그래도 오백 년이나 선비를 기른 나라인데 그 나라가 망함에 선비 한 사람 따라 죽는 이 없어서야 되겠는가" 하며 음독 순국하였습니다. 그 결단, 참 대단하지요. 나라 팔아먹는 선비도 많은데 나라 따라 자결을 하시니 참 놀랍지요. 실로 "識字人(식자인)" 곧 지식인의 참 모습을 보여 주십니다. 이래야. 이만한 책임감을 지녀야 올바른 지식인이라 할 수 있지요. 매천 황현은 김택영과 이건창 등과 더불어 당대를 대표하는 시인이요, 학자이셨습니다. 그 명성 그대로 仁(인)을 이루셨습니다. 선생께서 순국하시면서 이른 바 "絶命詩(절명시)" 네 수를 남기셨는데 그 가운데 첫 수와 제 3수, 두 수를 보겠습니다.

제1수
亂離衰到白頭年(난리쇠도백두년)
幾合捐生却未然(기합연생각미연)
今日眞成無可奈(금일진성무가내)
輝輝風燭照蒼天(휘휘풍촉조창천)

번역

난리에 흰 머리 되도록 굴러 오다가
몇 번이나 죽으려다 이루지 못하였다.
오늘엔 진실로 어쩔 수 없이 이루어야 하리.
밝은 촛불 푸른 하늘 비추네.

제3수
鳥獸哀鳴海嶽嚬(조수애명해악빈)
槿花世界已沈淪(근화세계이침륜)
秋燈掩卷懷千古(추등엄권회천고)
難作人間識字人(난작인간식자인)

번역

새도 짐승도 슬피 울고 바다도 산들도 찡그린다.
무궁화 우리나라 이미 가라앉는구나.
가을 등불 앞에서 책을 덮고 천고를 생각하니
사람 세상에 지식인 되기 어렵더라.

매천 선생을 기리며

선생이 계시기에
선비의 체면을 세우셨습니다.
曲學阿世(곡학아세)의 더러운 난장판
어지러운 세상에 선비 되기 어려운데
殉國(순국)의 거룩한 길 걸으셨습니다.
그 길이 바른 길
오늘도 우리 길을 가르쳐 주십니다.
오, 매천 선생
黃泉(황천)에서도 썩은 선비 꾸짖으십시오.

101

安重根안중근(1879~1910)의 시

丈夫處世兮(장부처세혜) 蓄志當奇(축지당기)
時造英雄兮(시조영웅혜) 英雄造時(영웅조시)
北風其冷兮(북풍기냉혜) 我血則熱(아혈즉열)
慷慨一去兮(강개일거혜) 必屠鼠賊(필도서적)
凡我同胞兮(범아동포혜) 毋忘功業(무망공업)
萬歲萬歲兮(만세만세혜) 大韓獨立(대한독립)

번역

장부의 세상 살아감이여, 뜻을 쌓아 마땅히 기이하리라.
시대가 영웅을 만듦이여, 영웅이 시대를 만들도다.
북풍 그 차가움이여, 내 피는 뜨겁도다.
강개히 한 번 감이여, 반드시 쥐 같은 도적을 죽이리라.
무릇 우리 동포여, 공업을 잊지 말지어다.
만세 만세로다. 대한 독립이라.

감상

안중근은 다 아시는 바처럼 군인이요 의사이지 결코 시인은 아니었습니다. 그러나 그 가슴에 품은 뜻이 하도 강개하기에 이런 작품을 남긴 것 같습니다. 과연 그의 결심대로 쥐새끼 같은 도적 이등박문을 죽였습니다. 북풍의 그 한파에도 뜨거운 피가 끓어 결국엔 목적을 이루었습니다. 일본인들은 그를 단순한 하나의 테러리스트로 보지만 이런 기개를 가진 걸로 보나 이런 큰 뜻을 가진 점으로 미루어 볼 때 그는 결코 그런 단순한 테러리스트이거나 협객만이 아니었습니다. 그의 가슴엔 이 시에서처럼 민족을 위한 뜨거운 피가 용솟음쳤습니다. 과연 그의 말대로 대한의 의용군으로서 적장을 죽인 것입니다.

안중근 의사님의 시는 또 한 편 더 전합니다.

丈夫雖死心如鐵(장부수사심여철)
義士臨危氣似雲(의사임급기사운)

번역

사나이는 비록 죽어도 마음은 철 같고
의사는 위험에 임하여도 기개는 구름 같아라.

감상

참으로 사나이요 義士(의사)다운 기개가 넘치고 있습니다. 이 기상이 우리 대한 남아의 기상이었는데 오늘 이 나라 청년들은 그저 무얼 먹을까? 어디서 잘까? 무얼 할까? 얽매이어 신음하고 있으니 참 답답하고 불쌍하지 않습니까? 어쩌다 대한 남아가 이리도 조무래기들이 되었는지요? 그 기개를 그 기상을 불어넣을 동력이 어디서 나올는지요? 답답합니다.

우러러 안중근 의사님께

망해가는 대한제국에도
한 사나이 살아
하르빈 역두에서 총성을 울렸더라.
원수는 거꾸러지고 온 세상 춤을 추었더라.

단순한 테러가 아니라
그 가슴엔 동양 삼국을 품었나니
그 높으신 이상

아직도 이루지 못하고 웅웅거리니
의사님 여순 감옥 지하 어디서 앓고 계시리.

일본의 복고 열풍, 중국의 팽창주의
우리는 허리 잘려 신음하고
부끄러워 의사님께 조아려 사죄합니다.
우러러 의사님께 그 꿈 이루어지이다 기도합니다.

102

滄江창강 金澤榮김택영(1850~1927)의 시

안중근의 거사는 망해가는 조선왕조의 마지막 불길이었습니다. 바야흐로 500년 왕업이 망해가자 전국에서 의병들이 벌떼처럼 일어났으나 거의 소멸되어 온 국민이 의기소침할 때 할빈 역두에서 들린 이 총성은 잠자는 민족의 혼을 깨우쳐 주었습니다. 그리하여 중국에 망명하여 있던 창강 김택영은 이 소식을 듣고는 다음과 같은 기쁨의 노래를 불렀습니다.

平安壯士目雙張(평안장사목쌍장)
快殺邦雠似殺羊(쾌살방수사살양)
未死得聞消息好(미사득문소식호)
狂亂亂舞菊花傍(광란란무국화방)

번역

평안도 장사 두 눈을 치켜뜨고
나라의 원수를 양을 잡듯 빨리도 죽이도다.
죽지 않고 이 좋은 소식 들으니
국화 옆에서 미친 듯 어즈러이 춤을 추네.

감상

聞安重根報國讎事(문안중근보국수사)(안중근이 나라의 원수를 갚았다는 일을 듣고)라는 제목의 시 한 연입니다. 창강 한 분만이 아닙니다. 온 나라가 아니 중국에서까지 온 국민이 춤을 추었습니다. 이등박문은 대한만이 아니라 중국의 온 민족에게도 죽이고픈 원수였기 때문입니다.

찬 창강 김택영 선생

망해가는 나라 차마 못 보시고
이역 만리 망명하신 선비님
그 아픔이 얼마며 그 울분이 어떠하리?
절망 가운데 들리는 할빈의 총소리
아, 아, 감격하여 어깨춤을 추셨도다.

*   *   *

이로써 고전명시 감상은 사실상 끝이 났습니다.

왜냐하면 국문학상에서 고전은 갑오경장 이전까지를 말하기 때문입니다.

그런데 갑오경장 이후라도 현대문학이 싹을 틔우기 전 과도기적 성격의 시기를 "개화기"라고 하여 따로 개회기 문학이라는 이름을 쓰기도 합니다. 신체시와 신소설이라는 장르가 바로 이때의 것이지요. 그래 이 시기의 작품 몇 편을 골라 넣었습니다. 육당의 신체시와 이른바 창가라고 불리던 작품 두 개입니다. 쉬우므로 해설은 하지 않습니다.

103

六堂육당 崔南善최남선(1890~1957)의 신체시

해에게서 소년에게...

1

처.........ㄹ썩, 처........ㄹ썩, 척, 쏴..........아.
따린다, 부순다, 무너 바린다.
태산 같은 높은 뫼, 집채 같은 바윗돌이나.
요것이 무어야, 요게 무어야.
나의 큰 힘 아나냐, 모르나냐, 호통까지 하면서
따린다, 부순다, 무너 바린다.
처.........ㄹ썩, 처........ㄹ썩, 척, 튜르릉, 꽉.

2

처........ㄹ썩, 처..........ㄹ썩, 척, 쏴...........아.
내게는, 아모 것도, 두려움 없어,
육상에서 아모런, 힘과 권을 부리던 자라도,
내 앞에 와서는 꼼짝 못하고,
아모리 큰 물건도 내게는 행세하지 못하네.

내게는 내게는 나의 앞에는
처………ㄹ썩, 처………ㄹ썩, 척, 튜르릉, 꽉.

3

처……ㄹ썩, 처………ㄹ썩, 척,쏴……… 아.
나에게 절하지, 아니한 자가,
지금까지 있거던 통기하고 나서 보아라.
진시황, 나팔륜, 너희들이냐.
누구 누구 누구냐 너희 역시 내게는 굽히도다.
나허구 겨룰 이 있건 오나라.
처………ㄹ썩, 처……ㄹ썩, 척, 튜르릉, 꽉.

4

처………ㄹ썩, 처………ㄹ썩, 척, 쏴………아.
조고만 산(山) 모를 의지하거나,
좁쌀 같은 작은 섬, 손벽 만한 땅을 가지고
고 속에 있어서 영악한 체를, 부리면서,
나 혼자 거룩하다 하난 자,
이리 좀 오나라, 나를 보아라.
처………ㄹ썩, 처………ㄹ썩, 척, 튜르릉, 꽉.

5

처..........ㄹ썩, 처..........ㄹ썩, 척, 쏴..........아.
나의 짝될 이는 하나 있도다,
크고 길고, 넓게 뒤덥은 바 저 푸른 하늘.
저것이 우리와 틀림이 없어,
적은 是非(시비), 적은 쌈, 온갖 모든 더러운 것 없도다.
조 따위 세상에 조 사람처럼,
처..........ㄹ썩, 처..........ㄹ썩, 척, 튜르릉, 꽉.

6

처..........ㄹ썩, 처..........ㄹ썩, 척, 쏴..........아.
저 세상 저 사람 모두 미우나,
그 중에서 똑 하나 사랑하는 일이 있으니,
膽(담) 크고 純精(순정)한 소년배들이,
재롱처럼, 귀엽게 나의 품에 와서 안김이로다.
오나라, 소년배, 입 맞춰 주마.
처..........ㄹ썩, 처..........ㄹ썩, 척, 튜르릉, 꽉.

———

104

애국가

1. 聖子神孫(성자신손) 千萬年(천만년)은
우리 皇室(황실)이오.
山高水麗(산고수려) 東半島(동반도)는
우리 本國(본국)일세
무궁화 삼천리 화려강산
대한사람 대한으로 길이 보전하세

2. 愛國(애국)하는 熱心意氣(열심의기)
北岳(북악) 같이 높고
忠君(충군)하는 一片丹心(일편단심)
동해같이 깊어

3. 二千萬人(이천만인) 오직 한맘
나라 사랑하야
士農工商(사농공장) 貴賤(귀천) 없이
職分(직분)만 다하세.

4. 우리나라 우리님군
皇室이 도우샤
國民同樂(국민동락) 萬萬歲(만만세)에
太平獨立(태평독립)하세.

105

아리랑 타령

이씨의 사촌이 되지 말고
민씨의 팔촌이 되려무나.

남산 밑에다 장충단 짓고
군악대 장단에 받들어 총 한다.

아리랑 고개다 정거장 짓고
전기차 오기만 기다린다.

문전의 옥토는 어찌 되고
쪽박의 신세가 웬 말인가?

밭은 헐려서 신작로 되고
집은 헐려서 정거장 되네.
말께나 하는 놈 재판소 가고
일께나 하는 놈 공동산 간다.

아깨나 낳을 년 갈보짓 하고
목도깨나 매는 놈 부역을 간다.

신작로 가상사리 아까시 맘은
자동차 바람에 춤을 춘다.

먼동이 트네 먼동이 트네
미친 놈 꿈에서 깨어났네.
